山入端 翔 著

●**注意**

(1) 本書は著者が独自に調査した結果を出版したものです。

(2) 本書は内容について万全を期して作成いたしましたが、万一、ご不審な点や誤り、記載漏れなどお気付きの点がありましたら、出版元まで書面にてご連絡ください。

(3) 本書の内容に関して運用した結果の影響については、上記 (2) 項にかかわらず責任を負いかねます。あらかじめご了承ください。

(4) 本書の全部または一部について、出版元から文書による承諾を得ずに複製することは禁じられています。

(5) 商標
本書に記載されている会社名、商品名などは一般に各社の商標または登録商標です。

フリーランス法とは

　まずはじめに、今回成立した「特定受託事業者に係る取引の適正化等に関する法律（以後、フリーランス法）」とはどのようなものなのか、押さえておきたいと思います。ここでは、フリーランス法の全体像を見ていきます。

新法成立の背景

2024年11月から施行されたフリーランス法ですが、はじめに、新法成立の背景について解説していきましょう。

1 働き方の多様化

近年、**働き方改革**により従来の会社員としての働き方にとらわれない、自由で柔軟な働き方が注目されています。

また、新型コロナウイルスの影響により、日本国内の多くの企業で**リモートワーク**や**フレックスタイム**が導入されるなど、さらに「時間」や「場所」に依存しない働き方が浸透しました。

その中でフリーランスという働き方も普及しつつあります。フリーランスとは、特定の企業や組織に所属せずに個人で業務の委託を受けて労働をする事業者のことを指します。

2 フリーランスの保護

フリーランスは会社員に比べて、会社のルールに縛られない、一見自由度の高い働き方ですが、確定申告や保険の手続きなどの煩雑な作業を自分で行う必要があり、意外と大変な面も多くあります。特に、フリーランスは労働基準法の適用外であるため、取引先の企業からの報酬未払いなどのトラブルや不当な扱いを受けることが多くありました。2020年の内閣官房調査では、37.7％のフリーランスが仕事上において取引先とのトラブルを経験したことがあると回答しています。その中でも「書面・電子メールが交付されていなかった」「取引条件が十分に明記されていなかった」と回答したフリーランスは6割にも上りました。

はじめに

　本書は、2024年11月1日より施行された「フリーランス法（正式名称「特定受託事業者に係る取引の適正化等に関する法律」)」について、フリーランスとして働くみなさんにどのような影響があるのかを、図を用いながらわかりやすく解説する本です。

　近年、働き方は多様なものになり、一般的な会社員としての働き方のみならず、フリーランスとしての働き方も馴染み深いものになってきました。フリーランスは会社員に比べて、時間や場所にとらわれない比較的自由な働き方ができたり、自分に合った仕事内容を取捨選択できたりするところが非常に魅力的です。

　その一方で、フリーランスでは契約周りや経理などの事務作業も自身で行わなくてはならないという側面があります。会社員では会社が行ってくれる確定申告や保険周りについての煩雑な手続きも自分自身で行わなくてはなりません。

　また、会社が守ってくれるわけではないので、ビジネスにおける責任もすべて自分が負わなくてはなりません。もちろん、自身を取り巻く法律についても知っておかなければならず、常に変化し続ける法律について「知らなかった」では済まされないというのも現実です。

「働き方改革」

　みなさんも今や聞き覚えのある言葉だと思いますが、この言葉が誕生したのは「働き方改革関連法案」が施行された2019年4月のことです。

　働き方改革が目指しているものは、「一億総活躍社会」の実現。

3

その中で働き方改革とは"働く方々が、個々の事情に応じた多様で柔軟な働き方を「選択」できるようにするための改革"と定義されています。

つまり、決まった場所に、決まった時間に出社し、決まった時間に退社するという一律の働き方ではなく、個人それぞれの多様な価値観による働き方を認める時代がスタートしたと言っても良いでしょう。

そんなさなか、世界的に猛威を振るったのが新型コロナウイルス。2020年1月に新型コロナウイルスの影響により、人と会わない・会えない・集まれない、いわゆる「密」を避ける時代が到来し、街中から人々の姿は消え、いままで対面で行われていたビジネスがオンライン化され、これも場所にとらわれない働き方が注目される大きなきっかけとなりました。

はじめは慣れない「リモートワーク」に戸惑いがあった方々も、いまや無くてはならないものに変化していったように思います。

このように、日本における働き方は情勢に伴って目まぐるしく現在進行形で変化を続けています。従来の働き方にとらわれない働き方を選択したフリーランスのみなさんは、まさに時代の先駆者とも言えるでしょう。フリーランスに関連する法律の整備もまだまだ始められたばかりで、数多くの変更や追加があります。

そこで、本書はフリーランスのみなさんが2024年11月1日に施行された「フリーランス法」をなるべく理解しやすいようにまとめ上げています。今回の新法はフリーランスのみなさんが多様な働き方をしやすいように守ってくれる法律です。

本書が多様な働き方をするみなさんの一助になりますように。

ぜひ、ご活用いただければ幸いです。

山入端 翔

図解ポケット

フリーランス法がよくわかる本

はじめに …………………………………………………………………………… 3

① フリーランス法とは

1-1 新法成立の背景………………………………………………………… 10

1-2 フリーランス法のポイント…………………………………………… 12

1-3 フリーランスと発注事業者、なにがどう変わる？ ………………… 14

1-4 発注側が中小企業やフリーランスの場合も対象………………… 16

1-5 フリーランス法の適用範囲…………………………………………… 18

1-6 フリーランス法の罰則等について………………………………… 20

コラム 副業フリーランスを行う意義………………………………………… 22

② フリーランス法に関わる用語

2-1 「特定受託事業者（フリーランス）」とは …………………………… 24

2-2 「特定業務委託事業者（発注事業者）」とは………………………… 26

2-3 「従業員」とは…………………………………………………………… 28

2-4 「役員」とは …………………………………………………………… 30

2-5 「偽装フリーランス」とは……………………………………………… 32

2-6 「継続的業務委託」とは………………………………………………… 34

コラム 偽装フリーランスの実態……………………………………………… 36

③ フリーランス法における義務項目

3-1 フリーランス法の概要………………………………………………… 38

3-2 口頭以外での取引条件の明示(第3条)（7つの義務①）…………… 40

3-3 報酬支払期日の設定・期日内の支払い(第4条)（7つの義務②）…… 43

3-4 契約締結時の実務対応………………………………………………… 46

5

3-5	60日ルール	49
3-6	再委託の特例	51
3-7	フリーランスへの不当な行為の禁止（7つの義務③）	54
3-8	適切な募集情報の提供（第12条）（7つの義務④）	57
3-9	フリーランス募集時の実務対応	59
3-10	妊娠・出産・育児や介護などへの配慮（第13条）（7つの義務⑤）	62
3-11	ハラスメント対策（第14条）（7つの義務⑥）	64
3-12	中途解除などの事前予告と理由開示（第16条）（7つの義務⑦）	67
コラム	フリーランスと会社員の収入の違い	69

4 禁止行為

4-1	7つの禁止行為	72
4-2	受領拒否の禁止（禁止行為①）	74
4-3	報酬減額の禁止（禁止行為②）	77
4-4	返品の禁止（禁止行為③）	80
4-5	買いたたきの禁止（禁止行為④）	83
4-6	購入・利用強制の禁止（禁止行為⑤）	86
4-7	不当な経済上の利益の提供要請の禁止（禁止行為⑥）	88
4-8	不当な給付内容の変更・やり直しの禁止（禁止行為⑦）	91
コラム	フリーランスは会社員より幸せか？	94

5 妊娠・出産・育児・介護への配慮、ハラスメント対策

5-1	妊娠・出産・育児・介護配慮義務	98
5-2	ハラスメント対策義務	101
5-3	ハラスメントとは	103
5-4	セクシュアルハラスメント	105
5-5	マタニティハラスメント	108
5-6	パワーハラスメント	110
5-7	ハラスメント防止に向けて具体的な対応	112

コラム　Netflixが開発したハラスメント防止策「リスペクト・トレーニング」
.... 116

6 契約の解除・不更新

6-1	発注事業者による契約解除等の事前予告義務	120
6-2	事前予告対象は「発注事業者の一方的な解除・不更新」の場合のみ	
		122
6-3	発注事業者による契約解除の理由開示義務	124
6-4	フリーランスによる契約解除の規定	126
6-5	フリーランスによる契約解除を行う方法	128

7 フリーランス法事例集

7-1	フリーランス・トラブルの実情	134
7-2	報酬未払いの事例	136
7-3	報酬減額の事例	138
7-4	成果物の受領拒否の事例	140
7-5	成果物のやり直しの要請の事例	142
7-6	発注事業者による一方的な契約変更の事例	144
コラム	フリーランス法の認知度	146

8 フリーランス・トラブルの解決手続

8-1	行政機関への申出	148
8-2	フリーランス・トラブル110番	150
8-3	和解あっせん手続き	152
8-4	法的手段の利用	154
8-5	法的手段①支払督促	156
8-6	法的手段②少額訴訟	158
コラム	フリーランスに必要なスキル	160

付録

　　①発注事業者のためのあるあるチェック……………………………… 162
　　②契約書のひな型………………………………………………………… 165

おわりに……………………………………………………………………… 166
索引　………………………………………………………………………… 168

フリーランスは大手企業に比べて立場が弱くなりやすく、このような場合に泣き寝入りし、結果的にフリーランス側が損をしてしまうしまうケースも少なくありません。

そこで今回の新法は、フリーランスが不当な扱いを受けたり、不利益を被ったりしないように、大きく「フリーランスと企業などの業務発注業者の間の取引の適正化」と「フリーランスの就業環境の整備」の2点を目的として施行されました。

取引先とのトラブルについてのアンケート

事業者から業務委託を受けて仕事を行うフリーランスを母数として、取引先とのトラブルを経験したことがある者の割合を算出すると4割。

特に経験したことがない 62.3%
トラブルを経験したことがある 37.7%
【n=3,234】

取引先とのトラブルを経験したことがある者のうち、そもそも書面・電子メールが交付されていなかったり、交付されていても取引条件が十分に明記されていなかった者が6割。

十分明記された書面や電子メールを受け取っている 36.9%
受け取っていない 29.8%
受け取っているが、取引条件の明記が不十分である 33.3%
【n=1,220】

出典：内閣官房日本経済再生総合事務局「令和4年度フリーランス実態調査」

フリーランス法のポイント

フリーランス法について、すでに施行されている下請法と、どう違うのか詳しく説明していきましょう。

1 下請法との違い

フリーランス法と聞いて、既に施行されている**下請法**との違いが気になる方も多いと思います。ここでは、下請法とフリーランス法の違いを見ていきます。

下請法とは、主に製造業やサービス業における下請け取引に適用され、多くの場合は企業同士の取引において受注側の企業を保護する法律です。

下請法は、発注事業者の資本金が1,000万円を超える場合にのみ適用されます。

しかしながら、フリーランスに発注する事業者の多くは資本金1,000万円以下での小規模な事業者であることも多く、フリーランスの取引には下請法を適用できないケースがあります。そこで新たに制定されたのが、フリーランス法です。

フリーランス法は、発注事業者の資本金による法律の適用制限がなく、フリーランスに発注するすべての事業者に適用がされるため、下請法よりもフリーランスに特化した法的保護が提供されます。

2　発注事業者が満たす要件に応じて義務の内容が変わる

　フリーランス法において発注事業者は、その事業者が満たす要件に応じて順守すべき事項が異なります。

　具体的には、「従業員を使用していない事業者」「従業員を使用している事業者」「従業員を使用している事業者かつ、一定の期間以上行う業務委託」の3つに分けられ、それぞれの事業者に対して異なる義務が課されます。

FIGURE 2　下請法との違い

フリーランス法		下請法
個人で活動するフリーランス	保護対象	下請事業者
従業員がいる事業者	規制対象	資本金1,000万超の事業者
取引条件の明示 60日以内の報酬支払い等	義務内容	取引条件の明示 60日以内の報酬支払い等
不当な受領拒否や減額等	禁止行為	不当な受領拒否や減額等
50万円以下の罰金	罰則	50万円以下の罰金

下請法では対象外になっていた小規模事業者とのトラブルについても
フリーランス法では適用できる可能性がある

出典：FLEXY「フリーランス新法とは？概要や制定背景、契約トラブルなどを弁護士が解説」
https://flxy.jp/media/article/31883

フリーランスと発注事業者、なにがどう変わる？

フリーランス法の施行によって、企業とフリーランスにとって、どんな影響や変化があるのでしょうか？ 詳しく解説していきます。

1 取引の透明性向上と確実な報酬支払いの確保

フリーランス法により、発注事業者はこれまで**口約束**などによって不透明になってしまうことが多かった**契約内容**について、明確に**文書化**することが義務付けられました。これは、企業の規模の大小にかかわらず、フリーランスに業務を発注するすべての事業者にかかわることです。契約書や電子メールなどで、業務内容や取引条件、報酬の支払い期日が明示されるため、フリーランスは事前に条件を確認し、納得した上で業務を引き受けることができるようになります。また、フリーランスと発注事業者との間で契約の透明性が高まることにより、従来から度々問題となっていたフリーランスへの報酬の未払いリスクが大幅に軽減されます。フリーランスは**報酬未払い**への不安を取り除くことができ、安定した収入を確保しやすくなります。

2 フリーランスの労働環境の改善

フリーランス法は、フリーランスが働きやすい環境を整備することも目的としています。

その1つとして、発注事業者に対して職場での**ハラスメント対策**の体制を整備することが義務付けられています。具体的には、ハラスメントが起きた場合の対応策や、フリーランスが安心して相談できる窓口の設置などが求められます。

この対策により、フリーランスは、**パワハラ**や**セクハラ**といった不当な扱いを受けた場合でも、適切に保護される仕組みが構築されるようになります。

さらに、育児や介護と業務の両立を支援するために、柔軟な働き方を考慮することも発注事業者に求められます。

例えば、リモートワークの導入や業務時間の調整への配慮が義務付けられることで、フリーランスは家庭と仕事のバランスを取りながら働くことが可能となります。フリーランスが安心して働ける環境が整備されることで、発注事業者もフリーランスとクリーンで良好な関係を築きやすくなり、発注側と受注側の双方にとって持続可能で信頼性の高い取引が実現できるようになります。

3 フリーランス法による発注事業者への影響

	内容	発注事業者への影響
取引の透明性と報酬支払いの確保	契約内容の文書化、報酬支払い期日の明確化により、未払いリスクが軽減され、フリーランスの収入が安定。	契約や報酬支払いの手続きが厳格化され、違反時にはペナルティが課される可能性がある。
フリーランスの労働環境の改善	ハラスメント対策、育児・介護支援のための柔軟な業務環境が整備され、フリーランスの権利が保護される。	発注事業者はフリーランスへの配慮が求められ、ハラスメント防止の体制整備や柔軟な働き方の提供が義務化される。

発注側が中小企業や フリーランスの場合も対象

フリーランス法の義務の適用範囲は大企業に限らず、中小企業にも及びます。法令を遵守することで、企業の信頼性が増します。

1 義務の適用範囲の広さに注意

フリーランス法で定められる義務の適用範囲は、大企業に限りません。**中小企業**などにも義務が及ぶということには、特に注意が必要です。現在施行されている下請法では、一定の資本金を持つ、比較的規模の大きい企業にのみ適用されており、小規模の事業者は対象外でした。しかし、今回のフリーランス法では資本金にかかわらず、フリーランスに業務を発注するすべての事業者が対象となります。

2 中小企業への影響

中小企業にとっては、これまで以上にフリーランスとの関係を適切に管理する必要性が高まります。これまではフリーランスとの信頼関係で疎かになっていた書面でのやり取りや、ハラスメント対策の強化などのフリーランスの業務環境に配慮しなくてはなりません。

一見すると、これらは発注側にとっては面倒な作業が増えたように思うかもしれません。しかし、この法令を遵守することで、企業の事業者としての信頼性が向上し、より優秀な人材を確保するための競争力が強化されます。

また、これらの義務をしっかりと理解し実行することで、法的なトラブルを避けることにも繋がります。例えば、フリーランスとの契約書を文書として適切に作成し、フリーランスとの共通認識を持っておけば、後のトラブルを未然に防ぐことができます。

　フリーランス法の適用により、中小企業はフリーランスとの契約を今までよりも、公正かつ透明に行うことが求められています。今回制定された義務によって行う取り組みは、企業の**ブランド価値**を高めることにも寄与し、この機会に一度作った仕組みは、持続可能なビジネスモデルの構築に繋がります。企業の信頼性の構築をすることや持続可能性を高めていくことは、ビジネスにおいて長期的な成功を収めるための重要な要素であるため、企業の成長に不可欠です。これは中小企業にこそ、より一層必要なものと言えるでしょう。

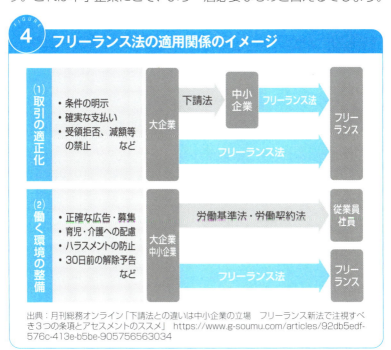

FIGURE 4　フリーランス法の適用関係のイメージ

出典：月刊総務オンライン「下請法との違いは中小企業の立場　フリーランス新法で注視すべき3つの条項とアセスメントのススメ」 https://www.g-soumu.com/articles/92db5edf-576c-413e-b5be-905756563034

フリーランス法の適用範囲

ここでは、フリーランス法の適用範囲について見てみましょう。
特に、BtoBの取引以外には適用されない点には注意が必要です。

1 対象となる取引は「BtoB」のみ

まず、フリーランス法の対象となる取引は、事業者同士の取引、すなわち発注事業者とフリーランスの **BtoB** の取引のみです。

一般的には、**BtoC** の事業を行う事業主を含む個人事業主全般を「**フリーランス**」と呼称することも多いですが、フリーランス法においてBtoCの取引は対象外です。

また、本書における「フリーランス」とは、BtoBの取引を行う事業者のみを指しており、BtoCの事業を行っている事業者は指しません。

2 フリーランス同士の取引は対象外

「従業員を使用していない」フリーランス同士の取引についても、フリーランス法の適用対象外です。

本書における「フリーランス」とは、従業員を使用していない事業者のみを指しており、従業員を使用している事業者は指しません（発注事業者が従業員を使用するフリーランスの場合、フリーランス法が適用される場合があります）。

フリーランスの具体的な定義について、詳しくはChapter 2にて解説をしています。

3 副業フリーランスはフリーランス法の適用範囲か？

フリーランス法は、会社員をしながら**副業フリーランス**として活動している事業者も対象になるのでしょうか。

答えは「Yes」です。フリーランス法は、各取引に対して適用されるので、副業や兼業でのフリーランスであっても、発注事業者と業務委託契約を結んで仕事を受けている場合は、その取引に関してはフリーランス法の保護対象となります。

FIGURE 5 フリーランス法対象のケースと対象外のケース

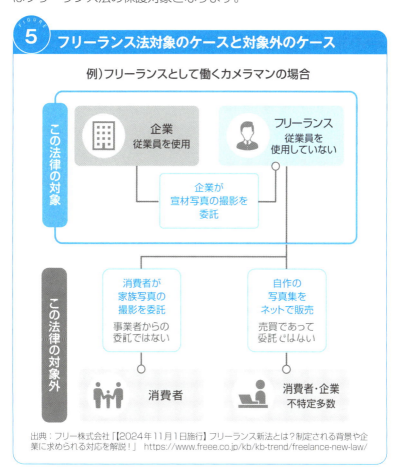

出典：フリー株式会社「【2024年11月1日施行】フリーランス新法とは？制定される背景や企業に求められる対応を解説！」 https://www.freee.co.jp/kb/kb-trend/freelance-new-law/

フリーランス法の罰則等について

本節では、フリーランス法に違反した場合の罰則等について解説します。罰則規定があることで、法令遵守の重要性が伺えます。

1 フリーランス法に違反した場合の規定

フリーランス法では、発注事業者が義務に違反した場合の**罰則**が定められています。違反した発注事業者は、**公正取引委員会**や**中小企業庁**長官、**厚生労働大臣**の調査を受けることになります。この調査の結果、指導や助言を受け、必要な措置を取ることを勧告されることがあります。もしその勧告に従わない場合には、さらに厳しい対応が待っています。命令や企業名の公表がされる可能性があり、企業としての信頼も失いかねません。

2 罰金が科される可能性もある

もし命令違反や検査拒否などがあった場合、最大で50万円以下の**罰金**が科せられることがあります。発注事業者からすれば大きな額でなくても、このような罰則があるということは法律を遵守することの重要性を強調しているもので、発注事業者は責任を持って業務を遂行しなければならず、法令に基づいた運営をする責任があることを示しています。

3 企業としてのリスク管理

特に注意すべき点は、発注事業者の代表者や従業員が**違反行為**を行った場合に行為者だけではなく、その事業主である法人も罰則の対象となることです。このため、企業は内部の**コンプライアンス体制**を強化し、全従業員に対して法律の遵守を徹底する必要があります。

新たに定められたこれらの規定は、発注事業者が業務委託を行うにあたって、クリーンで適切な手続きを行うことを促し、フリーランスとの健全な関係性を保つための仕組みです。企業は、法令に従わないことで発生するリスクを軽減するために、各種義務を遵守することが非常に重要です。その結果、企業の信頼性が高まり、長期的なビジネス関係の維持にも寄与することでしょう。

フリーランス法に違反した場合の規定

公的機関に法律違反を申し出るとどうなる?

取引条件の明示義務以外は特定業務委託事業者が相手のときのみ

① 調査
② 勧告：申出内容が事実なら、違反を正し、防止するために必要な措置をとるよう勧告する
　　　　妊娠、出産、育児・介護への必要な配慮に関しては、勧告の対象外
　　　　勧告に必要な限度で、報告要求、立入調査、帳簿書類その他物件の調査も可能
③ 命令：勧告を受けても、正当な理由なく、勧告に従わない場合、従うよう命令を出す
　　　　ハラスメントの防止に関しては、命令の対象外
④ 公表：命令があった場合、その事実を公表することも
　　　　ハラスメントの防止に関しては命令の対象外だが、公表は可能
⑤ 罰則：命令違反、不報告、虚偽報告、検査拒否・妨害 → 50万円以下の罰金
　　　　両罰規定あり(違反した人本人＋違反した人の雇い主・法人の代表者も罰金)
　　　　ハラスメント対策に関する不報告・虚偽報告 → 20万円以下の過料

出典：NIBEN Frontier「フリーランス新法の成立と今後の展望」 https://niben.jp/niben/pdf/NF202311_20.pdf

副業フリーランスを行う意義

　副業としてフリーランス活動を行うことには、多くの意義があります。例えば、キャッシュポイントが複数になり、さらなる経済的な安定が見込めます。また、本業とはジャンルの異なる業務を行うことによって、自身のキャリアの幅を広げる機会にもなります。

　ただし、所属している会社によっては競業避止義務により副業が禁止されていたり、許可が必要だったりするので、ご自身の所属企業のルールを確認してみましょう。

　フリーランス法が適用されたことで、発注事業者との関係においても一定の法的保護が得られるようになりました。それぞれの目的や事情はそれぞれだと思いますが、今回フリーランス法が施行されたことにより、副業としてのフリーランス活動は、これまで以上に安心して行うことができるようになりました。

副業フリーランスにとっても、働きやすい環境になりました。

フリーランス法に関わる用語

　ここでは、フリーランス法の用語とその定義に注目して見ていきたいと思います。フリーランス法では、複雑な用語が多く出現するので、ここで整理しておきましょう。

「特定受託事業者（フリーランス）」とは

フリーランス法における、特定受託事業者とはどんな人たちのことを指すのでしょうか？ フリーランス法が適用される受注者の対象者について解説していきます。

1 特定受託事業者の定義

特定受託事業者は、いわば「**フリーランス**」のことです。ここでのフリーランスとは、発注事業者が業務委託を依頼する相手であり、なおかつ従業員を使用していない事業者のことを指します。つまり、独立して業務を行う事業主であり、他の従業員を雇用せずに自らのスキルや専門知識を提供する形態で活動する人たちのことです。また、BtoBの事業者のみが対象です。**個人事業主**の中でも、一般消費者から業務の委託を受けたり、ECサイトなどで不特定多数の人向けに商品・サービスを提供したりする場合は、フリーランス法における「フリーランス」には当たらないため、対象外です。このような場合は、フリーランス法は適用されないため、注意することが必要です。

本書では、特定受託事業者のことをよりわかりやすくするために、「フリーランス」と表記しています。

2 法人でも対象となる場合がある

フリーランスというと個人での事業者というイメージがありますが、フリーランス法の適用範囲は個人のみに限られるでしょうか。答えはNoです。法人であっても、1人の代表者以外に「役員」がなく、「従業員」を使用しない、いわゆる「1人社長」の形態の場合

も、特定受託事業者として扱われ、フリーランス法が適用されます。税金などの理由で個人事業主から法人成りしている方も多いと思いますが、そのような1人で経営を行う法人もフリーランス法によって保護される仕組みになっています。

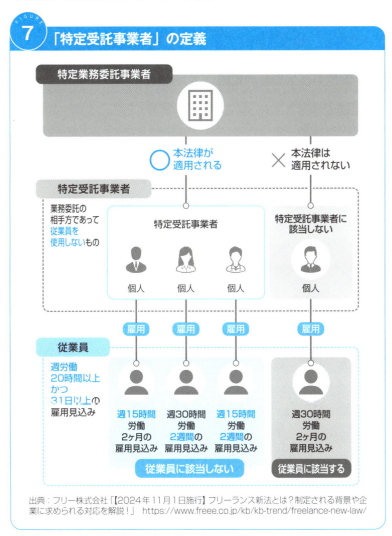

出典：フリー株式会社「【2024年11月1日施行】フリーランス新法とは？制定される背景や企業に求められる対応を解説！」 https://www.freee.co.jp/kb/kb-trend/freelance-new-law/

「特定業務委託事業者（発注事業者）」とは

フリーランス法における特定業務委託事業者とはどんな人たちを指すのでしょうか？ フリーランス法が適用される発注者側の対象者について解説していきます。

1 業務委託事業者の定義

業務委託事業者は、いわば「**発注事業者**」のことです。これは業務を委託する側、すなわち、ここでの発注事業者とはフリーランスに対して業務委託の形式で仕事を委託する事業者のことを指します。業務委託事業者は、フリーランスに対して具体的な業務内容や報酬を提示し、契約を結ぶことで業務を進めます。また、フリーランスが専門的なスキルや知識を提供することを期待し、業務の進捗を管理する役割を果たします。

本書では、業務委託事業者のことを、よりわかりやすくするために、「発注事業者」と表記しています。

2 特定業務委託事業者の定義

特定業務委託事業者は、業務委託事業者のうち、従業員または役員がいる事業者のことを指します。フリーランスという意味である「**特定受託事業者**」と名称も字面もよく似ているので混同しやすく、注意が必要です。また、委託側は「従業員・役員がいる」場合に名称に「特定」が付くのに対し、受託側は「従業員・役員がいない」場合に名称に「特定」が付くので、混乱しないように覚えておきましょう。

3 特定業務委託事業者とその他の業務委託事業者の義務の違い

　フリーランス法における「特定業務委託事業者」と「特定業務委託事業者以外の業務委託事業者」の義務の違いを確認しておきましょう。特定業務委託事業者には該当しない業務委託事業者の義務は、「書面等による取引条件」の明示のみです。

　それに対し、特定業務委託事業者は、これに加えてさらなる義務が科せられます。特定業務委託事業者は、フリーランスとの取引関係において、より多くの責任を負っているといえます。

FIGURE 8　業務委託事業者の定義

出典：内閣官房新しい資本主義実現本部事務局、公正取引委員会、中小企業庁、厚生労働省「特定受託事業者に係る取引の適正化等に関する法律（フリーランス・事業者間取引適正化等法）【令和6年11月1日施行】説明資料」 https://www.chusho.meti.go.jp/keiei/torihiki/download/freelance/law_02.pdfを元に弊社作成。

「従業員」とは

フリーランス法における従業員とはどんな人たちのことを指すのでしょうか？ 労働時間が長く、長期的な雇用契約が結ばれていることが前提となっています。詳しく見ていきます。

1 「従業員」の定義

フリーランス法において、しばしば「**従業員**」という表現が出てきますが、こちらはどのような定義なのでしょうか。

ここでの「従業員」は、週労働20時間以上かつ31日以上の雇用見込みがある**雇用者**を指します。つまり、**労働時間**が長く、なおかつ長期的な**雇用契約**が結ばれていることが前提です。

逆に、下記のような場合はフリーランス法において「従業員」とはみなされません。

> ・労働時間の短い雇用：
>   数ヶ月にわたる長期的な雇用であっても、週労働が20時間に満たない場合など。
>
> ・短期間の雇用：
>   週労働が20時間以上に及んでいても雇用期間が2週間などの短期の場合など。

従業員を使用しているかどうかは、フリーランス法のどの義務が課されるか、そもそもフリーランス法が適用されるかどうかの重要な要素なので、この定義をしっかりと把握しておくとよいでしょう。

2　発注側：従業員を使用している発注事業者と使用していない発注事業者の義務の違い

　発注事業者は、従業員を使用している場合と使用していない場合で義務の範囲が大きく異なります。具体的には、従業員を使用していない発注事業者の場合は、書面等による取引条件の明示が義務化されているものの、その他の項目は義務にはなりません。

3　受注側：従業員を使用しているフリーランスと使用していないフリーランスの扱いの違い

　フリーランス法における受注側の適用範囲は「従業員を使用していないフリーランス」のみです。つまり、フリーランスが独立した事業者として活動しており、他の従業員を雇用していないことを前提としています。そのため、従業員を使用している場合は、たとえ個人事業主であっても適用対象外なので、注意が必要です。

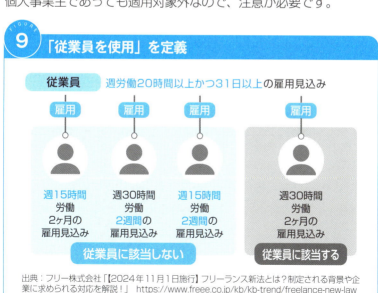

FIGURE 9　「従業員を使用」を定義

出典：フリー株式会社「【2024年11月1日施行】フリーランス新法とは？制定される背景や企業に求められる対応を解説！」 https://www.freee.co.jp/kb/kb-trend/freelance-new-law

「役員」とは

受注側が法人の場合、役員がいるかどうかという点も、フリーランス法が適用されるかどうかの大きな分かれ道となります。ここでの「役員」とはなにか、定義を詳しく見ていきます。

1 「役員」の定義

受注側が法人である場合、法律の保護を受けるためには、「従業員を使用していない」ことに加え、代表者1名以外の「**役員**」がいないことも要件とされています。ここでの「役員」とは、「理事、取締役、執行役、業務を執行する社員、監事若しくは監査役又はこれらに準ずる者」と定義されています。

役員がいるかどうかは、フリーランス法が適用されるかどうかの重要な要素なので、しっかりと把握しておくとよいでしょう。また、本書では一人社長の法人についても「フリーランス」としています。

2 役員がいる場合といない場合の違い

フリーランス法の適用範囲において、発注側に役員がいる場合、その事業者は「特定業務委託事業者」に当たり、課される義務が増えます。一方、役員も従業員もいない場合は、特定業務委託事業者以外の業務委託事業者になり、課される義務は書面等による取引条件の明示となります。

また、受注側が法人であり、役員がいる場合は、フリーランス法の適用範囲外になります。役員も従業員もいない場合は「特定受託事業者」となり、フリーランス法の適用範囲内になります。

FIGURE 10 会社役員等の種類

・理事
・取締役
・執行役
・業務を執行する社員
・監事若しくは監査役
・これらに準ずる者

3 同居親族が役員の場合

　法人成りをしているフリーランスの場合、節税などのために同居している親族を従業員や役員にしている方も多いと思います。事業に従業員として同居親族のみを使用している場合には、「従業員を使用」していることにはなりません。しかし、同居親族が役員である場合、代表者以外の役員がいるものとみなされるため、フリーランス法の対象外となります。

　なお、この場合の「同居親族」とは、居住と生計が代表者と同一の親族を指します。

「偽装フリーランス」とは

実態が「偽装フリーランス」である場合、フリーランス法の保護を受けることができません。詳しく見ていきましょう。

1 実態が「労働者」である場合はフリーランス法適用外

フリーランス法は、フリーランスが弱い立場になりがちな状況を考慮して制定された、フリーランスを守るための、とても重要な法律です。しかし、発注事業者とフリーランスの取引において、フリーランスが実態としての「**労働者**」に当たる場合があります。この場合は、フリーランス法は適用されません。形式上は業務委託として働くフリーランスであるにもかかわらず、その実態が「労働者」となっている場合、これを「**偽装フリーランス**」と呼びます。

この状態では、**労働基準法**や**労働契約法**などの法律が適用され、発注事業者に民事や行政・刑事上の責任を問われる可能性があるので、注意しなくてはなりません。フリーランスとして業務委託契約を結んでいても、実際には就業条件が労働者と同様であれば、法律的に労働者としての権利が保障されるべきです。

2 どのような場合が「労働者」とみなされるか

本来あるべき姿は、フリーランスが業務を遂行する際に、場所・時間・業務量などの裁量がフリーランス自身に委ねられている状態です。しかし、これが発注事業者によって侵害されている場合、「労働者」とみなされることがあります。次のような項目に該当する場合、業務委託契約を結んでいたとしても、偽装フリーランスとしてみなされる可能性があります。

- 諾否の自由：フリーランスが発注事業者の業務指示を断ることができない場合など。
- 業務遂行上の指揮監督：業務内容や進め方について発注事業者が詳細に指示をしている場合など。
- 勤務場所・勤務時間の拘束性：フリーランスの働く場所やフリーランスの始業時刻や終業時刻を発注事業者がタイムカードで把握しているなど。
- 報酬の労務対償性：報酬が時給で計算されている場足や、欠勤や残業をした場合に報酬が変動する場合など。
- 代替性：他の者に業務をさせることができるかなど。
- 専属性：発注事業者が自社以外の業者との取引を禁止している場合や、自社以外と取引できないほど大量の業務を発注している場合など。
- その他の要素：報酬に固定給が適用されている、採用フローが正社員と同様である、報酬に給与所得として源泉徴収されている場合など。

実態として労働者とみなされる明確な基準はありません。状況によって異なるため、判断に迷う場合は弁護士などに相談してみてもよいでしょう。発注事業者は、フリーランスとしての権利を適切に守ることで、偽装フリーランスのリスクを抑制できます。

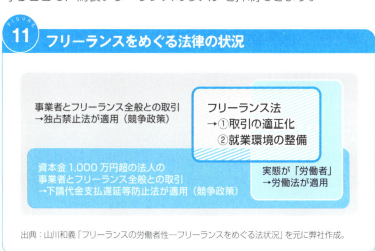

FIGURE 11 フリーランスをめぐる法律の状況

出典：山川和義「フリーランスの労働者性―フリーランスをめぐる法状況」を元に弊社作成。

「継続的業務委託」とは

ここでは、フリーランス法における「継続的業務委託」の定義について詳しく解説していきます。委託期間によって義務が変わるので注意が必要です。

1 継続的業務委託は1ヶ月以上と6ヶ月以上の2パターン

フリーランス法では、「**継続的業務委託**」という言葉が出てきます。継続的業務委託とは、6ヶ月以上の長期にわたる業務委託を指します。詳細は後の項目で説明しますが、フリーランス法で定められている7つの義務項目のうち、取引の適正化パートとされる「③フリーランスへの不当な行為の禁止」は1ヶ月以上の業務委託が対象、就業環境の整備パートとされる「⑤妊娠・出産・育児や介護などへの配慮義務」と「⑦中途解除などの事前予告と理由開示」は6ヶ月以上の継続的業務委託が対象となります。

2 業務委託の始期と終期について

それでは、業務委託のいつからいつまでが「**業務委託の期間**」とされるのでしょうか。具体的には3つのパターンに分けることができ、それぞれの**始期**と**終期**は以下の通りです。

●単一の業務委託の場合

業務委託に係る契約を締結した日から、業務委託に係る契約が終了するまで

●単一の基本契約を締結している場合

基本契約を締結した日から基本契約が終了する日まで

●契約の更新により継続して行う場合

最初の業務委託等の始期から最後の業務委託等の終期まで

また、終期は給付受領予定日や契約の終了日などの「**元々の予定日**」で判断をするため、実際に給付の受領したタイミングがもともと予定されていた終期よりも前後したとしても、終期に変更はありません。

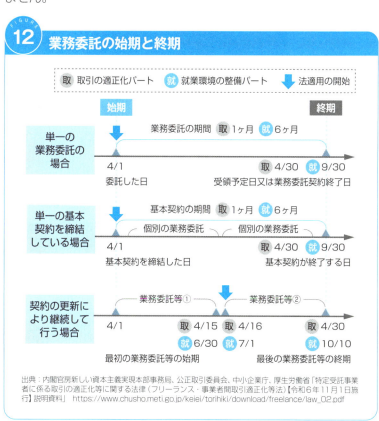

FIGURE 12 業務委託の始期と終期

出典：内閣官房新しい資本主義実現本部事務局、公正取引委員会、中小企業庁、厚生労働省「特定受託事業者に係る取引の適正化等に関する法律（フリーランス・事業者間取引適正化等法）【令和6年11月1日施行】説明資料」 https://www.chusho.meti.go.jp/keiei/torihiki/download/freelance/law_02.pdf

Column
偽装フリーランスの実態

　近年、「偽装フリーランス」と認定されるケースが増加傾向にあります。厚生労働省は、2024年に初めて偽装フリーランスの人数を集計して発表しました。調査の結果、偽装フリーランスとして認定されたフリーランスは2023年度の1年間で153人いたことがわかりました。

　偽装フリーランスは、発注事業者が社会保険料の負担や労働時間の規制などから逃れるための抜け道として利用されるケースが目立っています。しかし、発注側は企業の信頼の低下、受注側は労働基準法などの法律による保護を受けられないなど、双方にとってデメリットがあります。

　今回、フリーランス法が制定されたことによって、これまでよりも国が積極的に偽装フリーランスの実態を調査していき、見えていなかった偽装フリーランスが浮き彫りになっていくことが予想されます。知らず知らずのうちに偽装フリーランス状態とならないように、発注事業者はもちろん、フリーランスも常に注意しておきましょう。

知らず知らずのうちに
偽装フリーランスに
なっていることもあるので、
気をつけましょう！

CHAPTER 3

フリーランス法に おける義務項目

　それでは、いよいよ本題に入ります。ここでは、フリーランス法の概要と、発注事業者が順守しなくてはならない7つの義務項目について見ていきます。

フリーランス法の概要

フリーランス法では、発注事業者に対して7つの義務項目が定められています。ここでは、それぞれの項目の概要を見てみましょう。

1 フリーランス法はフリーランスを守るための法律

フリーランス法は、業務の受注側であるフリーランスを守るために新設された法律です。ですので、フリーランス法によって課される義務は、発注事業者に対してのものです。発注事業者が、どのような義務が発生するのかを把握しなくてはならないのはもちろんのこと、フリーランスも、どのような権利が与えられるのかを把握しておく必要があります。

2 発注事業者に課される義務項目は7つ

発注事業者がフリーランスと取引するにあたって、順守しなくてはならない項目は、大きく以下の7つの項目に分けられます。

- ① 書面等による取引条件の明示
- ② 報酬支払期日の設定・期日内の支払
- ③ 禁止行為
- ④ 募集情報の的確表示
- ⑤ 育児介護等と業務の両立に対する配慮
- ⑥ ハラスメント対策に係る体制整備
- ⑦ 中途解除等の事前予告・理由開示

守らなくてはならない義務項目については、発注事業者の満たす要件によっても異なりますので、対象の発注事業者と義務項目については、右図を参照してください。

13 フリーランス法の概要

発注事業者	義務項目	フリーランス
・フリーランスに業務委託する事業者 ・従業員を使用していない ※フリーランスに業務委託するフリーランスも含まれます。	①	・業務委託の相手方である事業者 ・従業員を使用していない
・フリーランスに業務委託をする事業者 ・従業員を使用している	①、②、④、⑥	
・フリーランスに業務委託をする事業者 ・従業員を使用している ・一定の期間以上行う業務委託である ※「一定の期間」は、③は1ヶ月、⑤⑦は6ヶ月です。契約の更新により「一定の期間」以上継続して行うこととなる業務委託も含みます。	①、②、③、④、⑤、⑥、⑦	

義務項目	具体的な内容
①書面等による取引条件の明示	業務委託をした場合、書面等により、直ちに、次の取引条件を明示すること 「業務の内容」「報酬の額」「支払期日」「発注事業者・フリーランスの名称」「事業委託をした日」「給付を受領／役務提供を受ける日」「給付を受領／役務提供を受ける場所」「(検査を行う場合)検査完了日」「(現金以外の方法で支払う場合)報酬の支払方法に関する必要事項」
②報酬支払期日の設定・期日内の支払	発注した物品等を受け取った日から数えて60日以内のできる限り早い日に報酬支払期日を設定し、期日内に報酬を支払うこと
③禁止行為	フリーランスに対し、1ヶ月以上の業務委託をした場合、次の7つの行為をしてはならないこと 受領拒否／報酬の減額／返品／買いたたき／購入・利用強制／不当な経済上の利益の提供要請／不当な給付内容の変更・やり直し
④募集情報の的確表示	広告などにフリーランスの募集に関する情報を掲載する際に、 ・虚偽の表示や誤解を与える表示をしてはならないこと ・内容を正確かつ最新のものに保たなければならないこと
⑤育児介護等と業務の両立に対する配慮	6ヶ月以上の業務委託について、フリーランスが育児や介護などと業務を両立できるよう、フリーランスの申出に応じて必要な配慮をしなければならないこと (例)・「子供の急病により予定していた作業時間の確保が難しくなったため、納期を短期間繰り下げたい」との申出に対し、納期を変更すること ・「介護のために特定の曜日についてはオンラインで就業したい」との申出に対し、一部業務をオンラインに切り替えられるよう調整すること など
⑥ハラスメント対策に係る体制整備	フリーランスに対するハラスメント行為に関し、次の措置を講じること ①ハラスメントを行ってはならない旨の方針の明確化、方針の周知・啓発、②相談や苦情に応じ、適切に対応するために必要な体制の整備、③ハラスメントへの事後の迅速かつ適切な対応 など
⑦中途解除等の事前予告・理由開示	6ヶ月以上の業務委託を中途解除したり、更新しない場合は、 ・原則として30日前までに予告しなければならないこと ・予告の日から解除日までにフリーランスから理由の開示の請求があった場合には理由の開示を行わなければならないこと

口頭以外での取引条件の明示（第3条）（7つの義務①）

業務委託事業者はフリーランスに対して、業務を委託する際に、給付の内容、報酬の額など、明示しなければならないことがあります。

1 対象

フリーランスに発注するすべての業務委託事業者。

2 契約条件を書面や電子メールなどで提供する義務

発注事業者は、フリーランスに対して業務を委託する際に、以下の内容を明示することが義務付けられています。

●給付の内容

フリーランスが提供する具体的な業務やサービスの内容を詳細に記載します。業務範囲の明確化により、双方の役割や期待の把握を目的としています。

●報酬の額

フリーランスに支払われる報酬の金額を具体的に明記します。報酬額の記載をしておくことにより、のちに起こりうる報酬に関するトラブルを未然に防ぐことができます。

●支払いの期日

報酬の支払いが行われる具体的な期日を記載します。期日が明示されることで、フリーランスのキャッシュフロー計画を立てやすくなる上、発注事業者からの未払いなどのトラブルを未然に防ぐことができます。

●公正取引委員会規則が定めるその他の事項

例えば、契約の期間や解除条件、必要経費の支払いに関する規定などが含まれます。詳細な項目を記載しておくことで、より契約内容の透明性が確保されます。

これらの情報は、書面または電磁的方法（電子メールや SNS など）を用いて、業務委託をした際に直ちにフリーランスに通知しなければなりません。ただし、これらの事項のうち、内容がまだ確定しておらず、正当な理由があるものについては、その時点で明示する必要はありません。内容が確定した段階で、直ちにフリーランスに対して通知する義務があります。

また、この通知のことを、フリーランス法第3条に規定されていることから「**3条通知（三条通知）**」と呼びます。

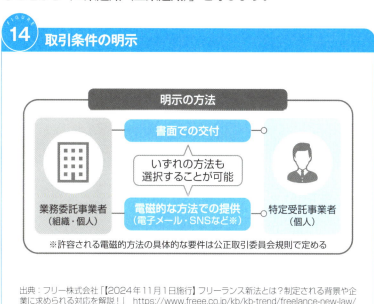

FIGURE 14 取引条件の明示

出典：フリー株式会社「【2024年11月1日施行】フリーランス新法とは？制定される背景や企業に求められる対応を解説！」 https://www.freee.co.jp/kb/kb-trend/freelance-new-law/

3　フリーランスが書面による明示を求めた場合

　発注事業者が電子メールやSNSなど、**電磁的方法**を使用してフリーランスに契約内容を明示した場合であっても、フリーランスから書面での明示を求められた際には、原則として、遅滞なく書面の交付をしなければなりません。

　これは、フリーランスが契約内容を紙媒体で確認し、物理的に保管できるようにするためです。発注事業者は、フリーランスからの要請に応じ、迅速に対応することが求められます。フリーランス視点で考えても、デジタルデータと紙媒体の両方を保存しておくことが最も望ましいです。

　契約内容を安全に保管することで、後のトラブルに備えることができます。また、紙媒体が手元にあることで安心感が生まれ、業務にも集中しやすくなることでしょう。

契約内容は、紙媒体で手元に保管しておくとよいでしょう。

報酬支払期日の設定・期日内の支払い（第4条）（7つの義務②）

フリーランス法では、業務委託事業者に対して支払い期日が明確に定められています。60日ルールとはなにか？ 再委託の際の30日ルールについても解説します。

1 対象

フリーランスに発注する業務委託事業者のうち、従業員を使用している事業者（特定業務委託事業者）。

2 原則は60日以内に報酬を支払う（60日ルール）

フリーランス法では、フリーランスが報酬支払いの遅延を受けないように、発注事業者に対して**支払い期日**が明確に定められています。

発注事業者は、成果物の検査を行うかどうかにかかわらず、フリーランスから成果物を受け取った日から数えて60日以内のできる限り短い期間を支払い期日として定め、一度決めた期日までに支払いを完了するように義務付けられています。これを「**60日ルール**」と呼びます。

この決まりがあることで、フリーランスは安定した報酬の受け取りが期待でき、定期的な収入を受け取ることができます。その結果、業務の継続性が保たれるので、双方にとってのメリットがあります。また、支払いが行われないという、フリーランスの不安も払拭することができます。

3 支払い期日が定められなかった場合

もし事前に支払い期日が定められていなかった場合、発注委託事業者はフリーランスから成果物を受け取った日に、即日での支払いを完了させなくてはなりません。この規定により、支払い期日が不明確なまま報酬支払が遅延するリスクが軽減されます。

4 規定に違反した支払い期日が定められた場合

発注事業者の都合などにより、フリーランス法の規定に違反して期限が定められた場合、つまり受領日から起算して60日より長い支払い期限が定められた場合は、支払い期日がフリーランスから成果物を受け取った日から60日を経過する日となります。この規定により、法律に違反した支払い期日が設定された場合でも、フリーランスが不利にならないように、法的に保護される仕組みとなっています。

5 再委託の場合は例外が適用されることがある

元委託者から受注した業務を発注事業者が、フリーランスに再委託をした場合は、条件を満たした場合に限り、元委託業務の支払い期日から数えて**30日以内**のできる限り短い期間内で支払い期日を定めることが認められています。

また、この場合において支払い期日が定められなかった場合は、**「元委託支払い期日」**が、規定に違反して報酬の支払い期日が定められたときは「元委託支払い期日から起算して30日を経過する日」が、報酬の支払い期日になります。

FIGURE 15 業務委託の原則と例外

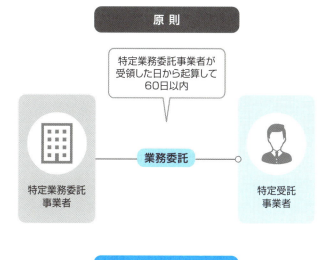

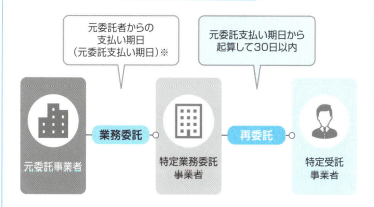

※実際に元委託者から支払われた日ではなく、元委託事業者と特定業務委事業者との間で定められた支払いの予定期日。

出典：フリー株式会社「【2024年11月1日施行】フリーランス新法とは？制定される背景や企業に求められる対応を解説！」 https://www.freee.co.jp/kb/kb-trend/freelance-new-law/

契約締結時の実務対応

実際に発注事業者がフリーランスと契約する際には、どのようなことに気をつける必要があるでしょうか。実務レベルで見てみましょう。

1 契約時に守るべき要素

ここでは、契約時に必要な対応を実務レベルで考えてみましょう。具体的に考えられる、特に注意しなければならない項目は、下記の2点です。

① 書面等による取引条件の明示
② 報酬支払い期日の設定

2 書面にて契約条件を提示し、発注事業者からフリーランスに送付する

まず、フリーランスに発注するすべての事業者が守るべき義務が、**「書面等による取引条件の明示」**です。契約時にはフリーランスが提供するサービスの内容、報酬の額、納品日など契約の条件となる項目を明記し、書面または電子メール・SNSなどで発注事業者からフリーランスに送付しておきましょう。

また、電子メールなどで送付していても、フリーランスが書面での交付を求めた場合は、発注事業者が遅滞なく対応する必要があります。

3 報酬支払期日の設定を併せて行う

　発注事業者が特定業務委託事業者の場合、契約のタイミングで**報酬支払い期日**の設定も併せて行い、文面化しておくと良いでしょう。報酬支払い期日は納品日から数えて60日以内に設定する必要があります。例外として、発注事業者が**再委託**の場合は元委託者からの支払い期日から起算して30日以内に設定することが認められています。これは実際に元委託者から支払いが行われた日ではなく、元委託者と発注事業者との取り決めで定められた支払い期日のことです。また発注事業者は、この時に決めた支払い期日に間に合うようにフリーランスへの支払いを完了させなくてはなりません。

4 報酬の支払は現金以外も認められている

　一般的に業務委託の報酬は**現金での支払い**というイメージがありますが、実は現金以外の支払いも認められています。公正取引委員会が作成したフリーランス法のガイドラインでは、「できる限り現金によるものとすること」とされているので、**手形**や**債権譲渡担保方式・ファクタリング方式・併存的債務引き受け方式**といった一括決済方式、**電子記録債権**などの手段を選択することも可能です。ポイントとしては、フリーランスが利便性を損なわないもので、すぐに現金化できるものである必要があります。

　また、近年では**電子マネー**による報酬の支払いも認められるようになりました。いずれの支払方法を利用するにしても、契約時に書面に明記すべきです。

16 業務委託契約書の例

業務委託契約書

2025年〇月〇日

委託者と受託者は、委託者が受託者に対し、業務を委託するにあたって、次のとおり業務委託契約（以下「本契約」という。）を締結する。

委託者	135-0016 東京都江東区東陽2-4-2 株式会社秀和システム 〇〇〇〇
受託者	〇〇〇-〇〇〇〇 東京都渋谷区〇〇 〇〇〇〇
契約期間	2025年〇月〇日 〜 2025年〇月〇日
委託業務内容	委託者はBIツールを用いたダッシュボードの構築業務（以下「本業務」という）を受託者に委託し、受託者はこれを受託する。
委託料	契約の報酬は、金〇〇万円（税抜）とする。
支払方法	受託者は、本業務の委託料を委託期間満〇〇〇〇〇〇〇〇、請求書受〇〇〇〇〇〇〇〇〇〇〇法により支〇〇
検査	〇〇〇〇〇〇の納入を受〇〇〇〇〇〇容について〇〇〇〇〇〇〇〇通知が委託〇〇〇〇〇〇〇〇〇場合、前項の検査に合格したものとみなす。
再委託	1. 受託者は、委託者の書面による事前承諾なしに、本業務の全部または一部を第三者に再委託することができない。 2. 受託者は前項の規定より第三者に再委託する場合においても、本契約に規定する受託者の義務を逃れない。また、受託者が委託者に対して負うものと同様の義務を再委託先に対しても遵守させる義務を負う。
守秘義務	委託者及び受託者は、相手方の書面による承諾なくして、本契約に関連して相手方から秘密であることを明示し、開示された情報を守秘し、第三者に対して開示、譲渡してはならない。
損害賠償責任	委託者及び受託者は、本契約に違反したことにより相手方に損害を与えたときは、その損害を賠償しなければならない。
契約解除	委託者および受託者は、相手方がその責に帰すべき事由により本契約上の義務を履行しない場合は、相手方に相当の期間を定めて催告を行い、催告期間が終了しても違反が是正されず、履行がないときは、本契約を解除できる。
管轄裁判	本契約に関する一切の紛争（裁判所の調停手続きを含む）は、東京地方裁判所を第一審の専属的合意管轄裁判所とする。
反社会的勢力の排除	委託者及び受託者は、自己及び本件委託業務に従事する者が、暴力団、暴力団員、暴力団員でなくなった時から5年を経過しない者、暴力団準構成員、暴力団関係企業、総会屋、社会運動等標榜ゴロ、その他これに準ずる者（以下「反社会勢力」という）のいずれにも該当しないことを表明し、かつ将来にわたっても該当しないことを保証する。
協議	本契約に定めのない事項、ならびに本契約の解釈について疑義が生じた場合には、民法をはじめとする法令などを踏まえ、当事者間で誠実に協議の上、解決するものとする。

> 契約期間を明記します。取引条件の一つなので、重要な項目です。

> フリーランスに委託する業務の内容を記載します。ここに明記のない業務をフリーランスにさせることは法律違反です。

> フリーランスに支払う報酬額の記載をします。募集時の金額と相違がないようにしましょう。

CHAPTER 3-5

60日ルール

60日ルールはご存知でしょうか。下請法を知っている方なら馴染み深いかもしれませんが、初めて耳にする方も多いかもしれません。詳しく解説します。

1 60日ルールの由来は下請法

フリーランス法で定められた**60日ルール**ですが、これは元々施行されていた**下請法**を踏襲したものです。下請法は、下請会社の利益や権利の保護を目的とした法律で、フリーランス法はその対象範囲を広げたものに近いので、目的としては同じと考えられます。

フリーランス法では、下請法と同様に支払い期日を60日以内のできるだけ短い期間内に定めなくてはなりません。

2 問題のない適切な支払い期日の設定の例

具体的な例で考えてみましょう。例えば、「当月末締め、翌月25日払い」という支払いの形式を取っている場合、対象月のどの日が納品日になったとしても支払い日までの日数が60日を超えることはありません。このため、このパターンは適切な支払い期日の設定といえるでしょう。

3 月末締め、翌々月払いは NG

　この60日ルール、きちんと留意していれば違反することは無さそうですが、意外と落とし穴もあります。例えば、よくありそうな「毎月月末締め、翌々月25日払い」という支払いの形式を取っている場合です。この場合は、一見すると問題のないように見えますが、納品日が末日ではなかった場合（例えば、5日が納品日の場合）、納品から支払い日までの日数が60日を超えてしまい、法律違反となってしまいます。ですので、「毎月月末締め、翌々月25日払い」という支払い期日の設定は不適切です。

　この点については、「盲点だった！」という方もいるかもしれません。ぜひ、覚えておきましょう。

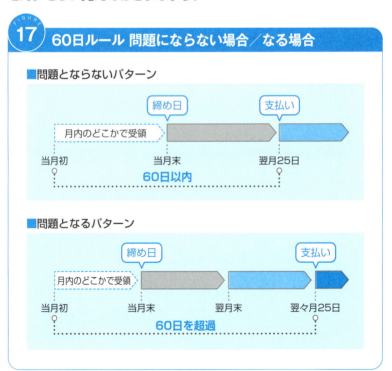

FIGURE 17　60日ルール 問題にならない場合／なる場合

CHAPTER 3-6 再委託の特例

発注事業者の中には、元委託事業者から業務を受託している業者もいるかと思います。この場合は、特例が適用されます。

1 再委託とは

再委託とは、他の事業者から受託した業務の一部もしくは全部を、その事業者が再び発注事業者としてフリーランスへ委託することを指します。例えば、元委託事業者が再委託事業者(フリーランス視点だと「発注事業者」)にWebサイトの制作を依頼し、その業務のすべてをフリーランスへ委託するとします。この場合、給付と報酬支払い、それぞれの業務の流れとしては次のようになります。

●給付の流れ
フリーランス → 再委託事業者(発注事業者) → 元委託事業者

●報酬支払いの流れ
元委託事業者 → 再委託事業者(発注事業者) → フリーランス

つまり、再委託した発注事業者はフリーランスから給付を受けてから元委託事業者に給付を行い、報酬支払いの流れはその逆となります。

2 再委託の場合は例外の適用が可能

しかし、60日ルールに従って支払い期日の設定をしてしまうと、再委託事業者は元委託事業者から報酬を受け取る前に、フリーランスへの支払いが発生してしまうことになります。これでは、再委託

事業者がキャッシュフローに困ってしまう事態が生じることがあるかもしれません。

このようなケースを防止することを目的に、再委託の場合は特別な例外が認められています。具体的には、再委託の場合のフリーランスへの支払い日は、元委託事業者と再委託事業者で取り決めた納品日から起算して、30日以内のできる限り短い期間内に設定することが可能です。この特例があることで、再委託事業者が報酬を受け取る前に支払いを行ってしまい、資金繰りに困ることを回避できます。

３ 再委託者が特定業務委託事業者でない場合

再委託に関するこれらのルールが適用されるのは、再委託事業者が特定業務委託事業者である場合に限ります。再委託事業者が特定業務委託事業者ではない業務委託事業者である場合は、フリーランスへの支払い期日の設定に制限はありません。

FIGURE 18 報酬支払い期日の設定・期日内の支払い

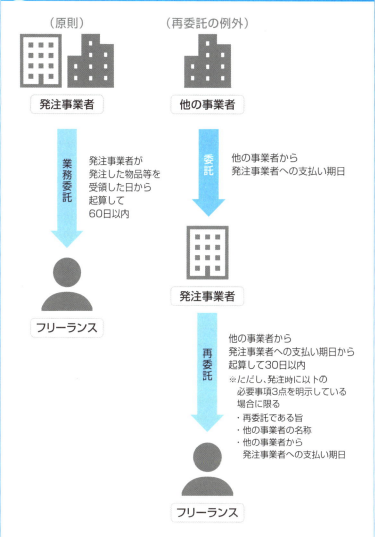

出典：政府広報オンライン「フリーランスが安心して働ける環境づくりのための法律、2024年11月からスタート！」https://www.gov-online.go.jp/article/202408/entry-6301.html を元に弊社で作成。

フリーランスへの不当な行為の禁止（7つの義務③）

本節では、発注事業者が、フリーランスに対してやってはいけないことをまとめました。受領拒否や報酬の減額など、7つの禁止行為について解説します。

1 対象

フリーランスに発注する業務委託事業者のうち、従業員を使用している事業者（特定業務委託事業者）かつ、1ヶ月以上の業務委託をする事業者。

2 7つの禁止行為

発注事業者は、以下の7つの行為が禁止されています。この規定は、フリーランスが不当な扱いや不利益を被らないようにするための法的な保護措置です。

① **受領拒否**

フリーランスの責に帰すべき事由がないのに、注文した物品または情報成果物の受領を拒むこと。フリーランスが提供した成果物に対して、発注事業者が不当に受け取りを拒む行為であり、フリーランスが大変な労力や長い時間をかけて、せっかく制作した成果物を無駄にする可能性があります。

② **報酬の減額**

フリーランスの責に帰すべき事由がないのに、あらかじめ定めた報酬を減額すること。業務の内容や成果が確定しているにもかかわらず、事後的に報酬を減らしてしまう行為は、フリーランスの

経済的な安定を脅かす行為なので絶対に NG です。

③ 返品

フリーランスの責に帰すべき事由がないのに、一度受領した物品を返品すること。発注事業者が成果物に対して満足しない理由を不当に主張し、フリーランスに対して、圧力をかけて返品を要求することは禁止されています。

④ 買いたたき

類似品などの価格または市価に比べて、著しく低い報酬を不当に定めること。市場の相場を度外視した低価格での報酬額の設定は、フリーランスの労働を軽視する行為です。

⑤ 購入・利用強制

指定する物・役務を強制的に購入・利用させること。フリーランスに対して特定の商品やサービスを発注事業者の負担無しに購入させることは、フリーランスの経済的な負担を強いることになります。

⑥ 不当な経済上の利益の提供要請

金銭、労務の提供などをさせること。フリーランスの経済面を直接的に圧迫する行為です。

⑦ 不当な給付内容の変更・やり直し

追加費用を負担せずに注文内容を変更し、または受領後にやり直しをさせること。フリーランスの労力を無視する行為であり、不当に追加の労力をかけさせることになります。

　フリーランス法にこれらの規定があることで、フリーランスが発注事業者による不当な理由で一方的に不利益を被らない仕組みになっています。

19 フリーランスへの7つの禁止行為

① 受領拒否
注文した物品または情報成果物の受領を拒むこと

② 報酬の減額
あらかじめ定めた報酬を減額すること

③ 返品
受け取った物品を返品すること

④ 買いたたき
類似品等の価格または市価に比べて、著しく低い報酬を不当に定めること

⑤ 購入・利用強制
指定する物・役務を強制的に購入・利用させること

⑥ 不当な経済上の利益の提供要請
金銭、労務の提供などをさせること

⑦ 不当な給付内容の変更・やり直し
費用を負担せずに注文内容を変更し、または受領後にやり直しをさせること

適切な募集情報の提供（第12条）（7つの義務④）

発注事業者が募集を行う場合の注意点を説明します。報酬額を正しく記載する、常に最新の情報を掲載するなどが挙げられます。

1 対象

フリーランスに発注する業務委託事業者のうち、従業員を使用している事業者（特定業務委託事業者）。

2 募集情報の的確表示

発注事業者が広告などを用いて不特定多数に対する募集を行う際には、募集情報を適切に表示することが義務付けられています。虚偽の表示や応募者の誤解を招くような表現は厳禁です。

例えば、下記のようなものが該当します。

●実際の報酬額よりも高い額を提示すること

応募者が過度に高額な報酬に期待を抱いて応募し、実際には提示された金額よりも低い報酬で契約することになると、発注事業者は事業者としての信用が損なわれます。

●実際に募集を行う企業と異なる企業名での募集を行うこと

これは応募者に対して誤った認識をさせ、応募者が不利な条件を結ぶことを招く恐れがあります。

これらの義務は、フリーランスが案件に応募する際に、正確で信頼できる情報に基づいて応募ができるための非常に重要なものです。

3 募集情報の最新化

　募集情報は、正確であることに加えて、常に最新の内容に保たなければなりません。報酬、勤務時間、勤務場所、リモートワークの可否など、掲載している募集内容に変更が生じた際には、直ちに情報を更新する必要があります。この作業を行うことで、フリーランスは常に正確な情報に基づいて判断でき、応募することができるようになります。

　一方、不適切な例としては、以下のようなものがあります。

● **既に募集を終了している情報を削除しないこと**

　古い募集情報を掲載していると、フリーランスに対して誤解を招いてしまう可能性があり、条件の合わない無駄な応募を促しかねません。発注事業者としても無駄な広告費をかけることになる可能性がありますし、企業の信頼性にも大きく影響を及ぼすため、迅速な募集情報の更新が求められます。

● **変更後の勤務条件を更新しないこと**

　勤務時間や勤務地の変更があったにもかかわらず、それを募集情報に反映しないことも、フリーランスに誤解を招く可能性があります。募集時の勤務条件と実際の勤務条件が異なることが契約時や契約後に判明すると、トラブルの元となります。

　募集情報の的確な表示と最新化は、フリーランスが正確な情報に基づいて安心して応募できる環境を整えるために重要です。これから協力して働く発注事業者とフリーランスとの間でトラブルを引き起こさず、スムーズなビジネスのスタートを切るためには必要不可欠な作業です。

フリーランス募集時の実務対応

発注事業者がフリーランスを募集する時には、どのような手順を踏めばよいのでしょうか。実務レベルで見てみましょう。

1 募集情報の見直し

特定業務委託事業者が、広告などを用いて不特定多数に対する募集を行う際には、**募集情報**を適切に表示することが義務付けられています。ここでは、発注事業者がフリーランス募集時に必要な作業を実務レベルで考えてみましょう。

例えば、募集情報を掲示する前に、下記のような事項を見直してみましょう。

●稼働条件

勤務時間に誤りがないかどうかをチェックします。実際の勤務時間よりも短い時間が掲載されていた場合、勤務時間の長さについてのトラブルに繋がる可能性があります。

●報酬条件

実際よりも高額な条件が記載されていないかどうかをチェックします。高い報酬を提示することで、優秀な人材からの応募を促すことはできます。しかし、実際の報酬額と異なる場合、事業者としての信頼を損ない、トラブルにも繋がります。

●必要経験・スキル

必要な経験やスキルが適切に記載されているかどうかを確認します。必要以上の過剰なスキル要求や不明瞭なスキルセットの掲示は、フリーランスからの応募意欲をそぐことになります。

●企業名

募集する企業名が正確に表示されているかどうかを確認します。フリーランスが安心して応募するためにも、掲載する募集企業は正しい企業名でなくてはなりません。

正確な募集情報を掲示するためには、このような項目をあらかじめ洗い出しておくことが重要です。

2 募集情報の定期的な確認

募集情報は、正確であることに加えて常に最新の内容に保たなければなりません。一度掲示したら放置するのではなく、掲示している募集情報の内容は定期的に確認するようにしましょう。この作業を行うことで、募集情報が古い状態のまま公開され続けてしまうリスクを防止できます。

具体的な対応としては、以下のようなものが考えられます。

●定期的なレビュー

募集情報の内容を定期的に見直すスケジュールを設けることで、情報の鮮度を保つことができます。

●変更時の即時更新

募集情報に変更があった際には、その時点で速やかにその情報を更新することで、更新のし忘れを防げます。募集情報的確表示義務は、フリーランスに虚偽の内容の認識や、誤解を生じさせないための決まりなので、募集情報を正確に保つことは、フリーランスが安心して応募できる環境づくりにおいて不可欠な要素です。

FIGURE 20 フリーランス法 義務項目④（第12条）

適用条件

事業者が**広告等**で募集に関する情報を提供する時

1項

虚偽の表示の禁止
誤解を生じさせる表示の禁止

2項

正確かつ最新の表示の義務

広告等とは

① 新聞・雑誌
② 文書の提出・頒布
③ 書面
④ ファックス
⑤ ・電子メール
　・メッセージアプリ
　・メッセージ機能があるSNSを含む
⑥ ・放送
　・有線放送等
　・テレビ、ラジオ
　・オンデマンド放送
　・ホームページ
　・クラウドソーシングサービス

募集要項の的確表示義務

- 業務の内容
- 業務に従事する場所、期間、時間に関する事項
- 報酬に関する事項
- 契約の解除・不更新に関する事項
- フリーランスの募集を行うものに関する事項

事業者さん

すべての項目において

- 情報は最新ですか？
- 情報は正しいですか？
- 虚偽表示（ウソ）ではありませんか？
- 誤解を生む書き方をしていませんか？

出典：法律コレクト「フリーランス新法第十二条｜フリーランスを募集する時に注意するべきこととは？」https://n-isa001.com/new-law-for-freelancers_12/ を元に弊社で作成。

妊娠・出産・育児や介護などへの配慮（第13条）（7つの義務⑤）

フリーランスが、妊娠・出産・育児・介護などと業務を両立できるよう発注事業者は家庭の事情に配慮しなければなりません。

1 対象

フリーランスに発注する業務委託事業者のうち、従業員を使用している事業者（特定業務委託事業者）かつ、6ヶ月以上の業務委託をする事業者。

2 継続的業務委託における配慮

発注事業者は、フリーランスの申出に応じて、フリーランスが**妊娠・出産・育児や介護など**（以後、**育児介護等**）と業務を両立できるように家庭の事情に配慮しなければなりません。発注事業者からの配慮があることで、フリーランスは業務を行いながら家庭の問題にも柔軟に応じることができるようになり、仕事と家庭のバランスを取りやすくなります。例えば、下記のようなケースが挙げられます。

・「子供が体調不良になってしまったため、納期を繰り下げてほしい」という申出に応じ、納期を変更する。
・「親の介護をしなくてはならないため、自宅での勤務をしたい」という申出に応じ、一部の業務をリモートワークに変更する。

このような配慮が実現されることで、フリーランスは自分の生活スタイルに合った働き方を選択できるため、家庭の状況に応じて業務を遂行できるほか、業務に対するモチベーションを継続的に保つことにも繋がります。最終的には、フリーランスと発注事業者、双

方にとってメリットの残る結果となるでしょう。

3 継続的業務委託以外の業務委託における配慮

特定業務委託事業者は、継続的業務委託でない業務委託、すなわち6ヶ月未満の短期間のプロジェクトに関しても、育児介護等を行っているフリーランスからの申し出に応じて、配慮をするように "努める" ことが求められています。具体的には、発注事業者が求める業務の遂行に影響がない範囲で、フリーランスの**家庭の事情**に配慮をする必要があります。

ただし、こちらは「配慮を行うことが望ましいが、義務ではない」ということがポイントです。したがって、発注事業者は可能な範囲で柔軟な対応を心がける必要はありますが、あくまでも義務ではありませんので、フリーランスの申出にどの程度応じるかは、最終的には発注事業者の裁量によるものとなります。

6ヶ月よりも短期の、継続的ではない業務委託における配慮に関しては、フリーランスの働きやすさ向上の一つの助けにはなりますが、必ずしもフリーランス側の申出が認められるとは限らないということに留意する必要があります。

FIGURE 21 業務委託期間による配慮義務の違い

	対象	内容
継続的業務委託における配慮	6ヶ月以上の「継続的業務委託」	妊娠・出産・育児や介護などと業務を両立できるように配慮することが「義務化」されている。
継続的業務委託以外の業務委託における配慮	継続的ではない業務委託	妊娠・出産・育児や介護などと業務を両立できるように配慮することを「努める」必要がある。

ハラスメント対策（第14条）（7つの義務⑥）

ここではハラスメントへの対応について解説します。フリーランスが安心して業務に専念できる環境づくりが大切です。

1 対象

フリーランスに発注する業務委託事業者のうち、従業員を使用している事業者（特定業務委託事業者）。

2 ハラスメントに対する体制整備の義務化

ハラスメントには、「**パワハラ**」「**セクハラ**」「**モラハラ**」など、様々な種類のものがありますが、これらの行為によりフリーランスの就業環境が害されることは、絶対にあってはなりません。発注事業者は、フリーランスに対するハラスメント行為について、以下の3つの措置を講じることが義務付けられています。

①ハラスメントを行ってはならない旨の方針の明確化

ハラスメント防止のための方針を明確にすることが重要です。従業員に対してハラスメント防止の研修を実施したり、ハラスメントの定義や禁止事項を文面化して掲示をすることなどが挙げられます。

②相談や苦情に応じ、適切に対応するための体制の整備

フリーランスがハラスメントを受けた時に相談できる環境を整えることが求められます。ハラスメントに関する相談窓口を設けて専任の担当者を配置したり、相談対応ができる制度を整備をすることが挙げられます。

③ハラスメントへの事後の迅速かつ適切な対応

フリーランスがハラスメントを受けた際に、発注事業者が迅速かつ正確な対応をとることが求められます。ハラスメントが発生した場合に、速やかに正確に事実関係を把握し、それに対して適切な対応を講じることが必要です。

3 ハラスメントの相談に対する報復の禁止

発注事業者は、フリーランスがハラスメントについて相談をしたり、相談への対応に協力した際に事実を述べたことを理由に、フリーランスに対して契約を取りやめたり、不利益な扱いをしたりしてはいけません。この報復行為が禁止されていることで、フリーランスは自身の不利益を意識せず安心してハラスメントに関する相談をすることができます。

結果的に、発注事業者とフリーランスとの間でオープンなコミュニケーションが促進され、組織全体にハラスメントを防ぐための文化が醸成されるでしょう。

フリーランスが安心して仕事に専念できるような環境づくりを心がけましょう。

相談・苦情への対応の流れの例

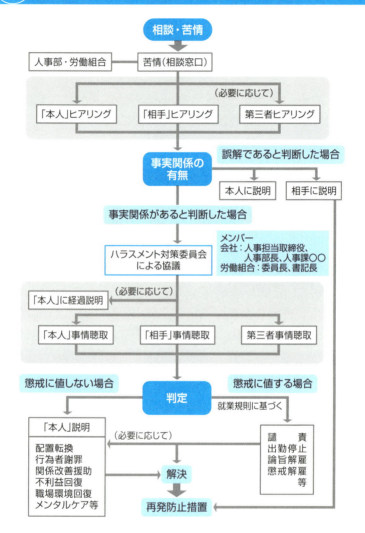

出典：厚生労働省 都道府県労働局雇用環境・均等部（室）「職場におけるパワーハラスメント対策、セクシュアルハラスメント対策、妊娠・出産・育児休業等に関するハラスメント対策は事業主の義務です！」https://www.mhlw.go.jp/content/11900000/001331008.pdfを元に弊社で作成

中途解除などの事前予告と理由開示（第16条）（7つの義務⑦）

本節では、中途解除についての事前予告と理由の開示について解説します。フリーランスが、自分がなぜ契約解除になったのか疑問を持った際にその理由を明確にする必要があります。

1 対象

フリーランスに発注する業務委託事業者のうち、従業員を使用している事業者（特定業務委託事業者）かつ、6ヶ月以上の業務委託をする事業者。

2 原則として解除予定日30日前までの予告義務

6ヶ月以上の継続的な業務委託を中途解除したり、更新をしないことを決定した場合は、原則として少なくとも30日前までに書面・ファクシミリ・電子メールなどの、いずれかによる方法でその旨をフリーランスに予告しなくてはなりません。この**予告義務**は、フリーランスが突然仕事を失うことを防ぐための重要な措置です。契約解除までの猶予期間があることにより、フリーランスは次の仕事を探したり準備をしたりする期間を確保できるため、経済的なダメージを最小限に抑えることが可能です。

3 契約解除理由の開示義務

　加えて、解除の予告日から実際の契約解除日までの間に、フリーランスからの**契約解除理由**の開示が求められた場合は、発注事業者は契約解除通知と同様の方法により遅滞なく、その理由の開示をする義務があります。この開示義務は、発注事業者の一方的な都合での不当な契約解除を行うことを防ぐためのものです。

　フリーランスが「自分がなぜ契約を解除されたのか」という疑問を持った際に、その理由を明確にすることで、フリーランスは自身のスキルへの理解や業務に対する在り方をより一層深めたり、今後の自分の働き方の改善点を見つけたりすることができます。契約解除通知を受けた際に、この振り返り作業を行うことによって、フリーランスが今後より良い業務環境で働けるようになる助けになります。また、契約解除の透明性が高まるため、発注事業者とフリーランスとの関係にも支障をきたすことが少なくなります。

FIGURE 23　契約解除などの予告義務

契約解除・不更新の30日前までに予告

業務委託事業者　　　フリーランス

Column

フリーランスと会社員の収入の違い

これからフリーランスになりたいという方が、最も気になる点はやはり収入面だと思います。また、現在フリーランスとして働いている方も、周りのフリーランスがどのくらいの報酬を受け取っているのかは気になるところでしょう。

マイナビが行った「フリーランスの意識・就業実態調査2024年版」によると、前職が正社員である元会社員が、会社員時代とフリーランスである現在の収入を比べた時、「増えた」と答えた人は35.7%だったのに対し、「減った」と答えた人は49.9%と、半数近くのフリーランスは会社員時代よりも収入が減っているということがわかります。

職種別の平均年収を見てみると、「編集・ライター・印刷系」は457.5万円から362.9万円と94.6万円の大幅な減少、「事務・バックオフィス系」は508.0万円から441.5万円と66.5万円の減少であるのに対し、「クリエイティブ系」は396.9万円から393.2万円とほとんど変わりません。

逆に「ITエンジニア・開発系」は491.8万円から564.9万円の73.0万円という大幅な増加をしています。

このように見てみると、フリーランスになることによって収入は減少している人が多いようです。しかし、「自由になる」「好みの仕事を受けられる」など、フリーランスになることによるメリットは数多くあります。自分の価値観に合わせて検討してみましょう。

また、フリーランスのITエンジニアは年収も高く、需要があることがわかります。エンジニアの方は、積極的にフリーランスになることを検討してみてもいいかもしれません。

【元正社員】会社員の時とフリーランスとしての収入比較

		n=	前職の年収 (平均：万円)	フリーランス としての収入 ※経費除く (平均：万円)	差額 (フリーランス − 前職)
全体		(324)	473.7	482.4	+8.7
職業別	クリエイティブ系	(65)	396.9	393.2	−3.7
	ITエンジニア・開発系	(90)	491.8	564.9	+73.0
	編集・ライター・印刷系	(37)	457.5	362.9	−94.6
	事務・バックオフィス系	(28)	508.0	441.5	−66.5

※職種はnが約30以上のもののみ抜粋(外れ値は除外して計算)

※回答対象：現在フリーランスで独立しており、前職が正社員だった人

出典：マイナビ「フリーランスの意識・就業実態調査2024年版」

フリーランスになることで得られるメリットはありますが、デメリットも留意しておく必要があります。

禁止行為

　フリーランス法では、フリーランスに対する不当な行為として、発注事業者に課せられる「義務項目③：7つの禁止行為」があります。これはフリーランスを守るために最も重要なパートともいえます。
　ここでは、その具体的な内容を1つひとつ順番に見ていきましょう。

7つの禁止行為

フリーランス法では、発注事業者に課せられる7つの禁止行為があります。その概要を見てみましょう。

1 対象は1ヶ月以上にわたる期間の業務委託

7つの禁止行為は、特定業務委託事業者がフリーランスに対して1ヶ月以上の「**継続的業務委託**」を行った場合に適用されます。業務委託の期間が長くなると、発注事業者とフリーランスとの関係が密接になっていき、業務の進行がスムーズになる一方で、問題も生じやすくなります。

2 業務における「慣れ」

往々にして、一緒に仕事をする期間が長くなればなるほど、良くも悪くも「慣れ」が生じてしまいます。みなさんも経験があるかと思いますが、この「慣れ」は、互いに融通が利きやすくなるというメリットもあれば、逆にそれを利用して一方的な無理難題を押し付けられやすくなるデメリットも考えられます。

そのような状態が続くと、だんだんと当事者同士での線引きが曖昧になっていき、最終的にはトラブルに発展してしまうケースも考えられます。基本的に個人で活動しているフリーランスは、企業のような大きい組織に対して立場が弱くなることが多いため、ルールの整備が必要です。

3 フリーランスを法的に保護する

　この規定は、そのような状況によってフリーランスが理不尽に不当な扱いや不利益を被らないようにするための法的な保護措置として存在します。具体的には、下図の7つの行為が禁止されています。ここで示している各規定は、いずれも発注事業者とフリーランスとの合意があったとしても法律違反になってしまうケースがありますので、より細心の注意を払いましょう。

　次項からは、この「7つの禁止行為」を1つずつ詳しく見ていきます。

FIGURE 24　7つの禁止行為

①	成果物の受領を拒否する
②	報酬を減額する
③	成果物の受領後に返品する
④	相場より著しく低い報酬額で買いたたく
⑤	指定商品の購入やサービスの利用を強制する
⑥	金銭や労務・サービスを不当に提供させる
⑦	不当に発注内容の変更・やり直しをさせる

フリーランスと合意していても違反になることがあります！

受領拒否の禁止（禁止行為①）

発注事業者の都合で不当にフリーランスの成果物を受領拒否することは禁止されています。詳しく見ていきましょう。

1 発注事業者都合での受領拒否の禁止

　発注事業者が、フリーランスに対して発注の契約を行ったにもかかわらず、発注事業者の一方的な都合によりフリーランスの納品物を受け取らない場合、フリーランスの利益が著しく損なわれてしまいます。そのため、フリーランス法では、発注事業者に対してこれを禁止しています。発注事業者は一度フリーランスと定めた約束を責任を持って果たさなくてはなりません。

2 決められた納期に受領しないのも NG

　「**受領を拒否する**」ということは、フリーランスの納品物の全部または一部を受け取らないことを意味しますが、その他にも下記の2点を禁止しています。

- 発注そのものを取り消すことにより、フリーランスの給付の全部または一部を決められた納期に受け取らないこと
- 納期を延期することにより、フリーランスの給付の全部または一部を決められた納期に受け取らないこと

　フリーランスにとって発注事業者に納期を守ってもらうことは、フリーランスの**キャッシュフロー**の観点からも非常に重要なことです。キャッシュフローは、フリーランスの生活にも直結することなので、発注事業者は納期に遅れることのないよう、発注事業者は期日を守った丁寧な受領を心掛けましょう。

3　受領拒否が成立するケース

　しかしながら、発注事業者がフリーランスの納品物の受領を拒否することができるケースも存在します。それは、「フリーランスの責めに帰すべき事由に該当する」場合です。具体的にどのようなものなのかを見ていきましょう。

　1つ目は、発注事業者がフリーランスに委託した内容とフリーランスが納品した内容が異なる場合です。当然のことですが、委託内容と納品内容は一致していなくてはなりません。フリーランスの給付の内容が書面にて明記されていた場合、その内容と異なるものが納付されていると、発注事業者が受領拒否できる対象になります。

　2つ目は、フリーランスが約束の納期に間に合わず、納品物が不要となってしまった場合です。これはフリーランスの責任により納品物が無駄になってしまっているので、発注事業者は受領拒否できます。この場合も受領拒否を行う際は、納品物の納期を書面にて明記してあることが前提なので、書面での契約は心掛けましょう。

　つまり、事前に書面による契約条件の明記がありフリーランスに落ち度があった場合には、**受領拒否**できるケースがあるので、フリーランスも十分に留意しておきましょう。

25 受領拒否の禁止

■受領拒否

半分はもういらない

発注事業者

フリーランス

26 フリーランスの責めに帰すべき事由がないとして、受領拒否が認められないケース

❶ フリーランスの給付内容が委託内容と適合しないことを理由とするケース

例）
- 3条通知に発注事業者の委託内容が明確に記載されていない、または検査基準が明確でない等のため、フリーランスの給付内容が委託内容と適合しないことが明らかでない場合

- 業務委託を行った後に検査基準を恣意的に厳しくすることによって、委託内容と適合しないとして、従来通りの検査基準であれば合格であるはずのものを不合格にする場合

- 取引の過程で委託内容についてフリーランスが確認を求め、発注事業者が了承したので、フリーランスがその通りに作業を行ったにもかかわらず、給付内容が委託内容と適合しないとする場合

❷ フリーランスの給付が3条通知に記載された納期までに行われなかったため、成果物が不要になったことを理由とするケース

例）
- 3条通知に納期が明確に記載されていない等のために、納期遅れであることが明らかでない場合

- 納期がフリーランスの事情を考慮せずに一方的に決定されたものである場合

報酬減額の禁止（禁止行為②）

事前に合意した報酬額を発注事業者が一方的に減額することは禁止されています。どのようなケースが報酬減額に当たるのでしょうか。詳しく見ていきます。

1 フリーランスへの報酬減額の禁止

フリーランスの責任がないのにもかかわらず、発注時に定められた金額から一定の額を減じて報酬を支払うことは禁止されています。これは、「**値引き**」「**協賛金**」「**歩引き**」「**割戻金**」などの減額の名目や方法、金額の大小にかかわらずフリーランス法違反となります。また、発注事業者とフリーランスとの合意があっても法律違反です。

2 違反となる具体的なケース

どのような行為が法律違反となるのでしょうか。具体的なケースを見てみましょう。さらに例を知りたい方は下図を参照してください。

---

① 単価の引き下げ要求に応じないフリーランスに対して、あらかじめ定められた報酬額から一定の割合または一定額を減額する。
② 「販売拡大のために協力してほしい」などの理由で、あらかじめ定められた報酬額から一定の割合または一定額を減額する。
③ フリーランスとの間に単価の引き下げについて合意が成立し、報酬額の改定がされたが、その合意前に既に発注済みのものに対しても新しい報酬額を適用する。
④ フリーランスと合意することなく、銀行振込手数料を報酬額から差し引く。
⑤ 消費税・地方消費税額相当分を支払わない。
⑥ 報酬の端数を１円以上切り捨てる。

77

ここで挙げている例のように、意図せず何気なくやってしまうことも法律違反に当たる場合があるので、細心の注意が必要です。

ただし、業務委託前に書面などで業務委託料の振込手数料をフリーランスが負担することに合意しており、振込の際にこれを差し引いている場合などは、報酬減額には当たりません。

3 報酬減額が成立するケース

発注事業者は、いかなる場合でも減額できないということではありません。フリーランスの責めに帰すべき事由がある場合には、報酬の減額が可能です。これには3つのケースが存在します。具体的にどのような条件なのかを見ていきましょう。

---

① 納品物に不備があり、受領拒否や返品をした場合に、報酬を減額するとき。
② 受領拒否や返品をせずに発注事業者が手直しをした場合に、手直しに要した相当費用を差し引くとき。
③ 不備や納期遅延などによる商品価値の低下が明らかで、客観的に相当と認められる額を差し引くとき。

フリーランスの責めに帰すべき事項に当てはまる場合は、発注事業者からの報酬減額が認められるので、お互いに注意しましょう。

27 報酬減額の禁止

■報酬の減額

発注事業者

報酬を少し削るね

フリーランス

28 報酬減額が認められないケース

① フリーランスとの間に単価の引き下げについて合意が成立し、報酬額の改定がされたが、その合意前に既に発注済みのものに対しても新しい報酬額を適用する。

② 消費税・地方消費税額相当分を支払わない。

③ 書面などの方法での合意をせず、業務委託料の支払いの際に振込手数料をフリーランスに負担させる。

④ 金融機関に支払う実費を超えた額を振込手数料として報酬から差し引く。

⑤ 発注事業者の責任で生じた納期遅れや商品価値の低下をフリーランスの責任とし、商品価値の低下分とする額を報酬から差し引く。

⑥ 報酬の端数を1円以上切り捨てる。

⑦ 発注事業者の客先からのキャンセルなど成果物が不要になったことを理由に、その対価の相当額を報酬から差し引く。

⑧ 単価の引き下げ要求に応じないフリーランスに対して、あらかじめ定められた報酬額から一定の割合または一定額を減額する。

⑨ 報酬の金額はそのままに、発注数量を増加させる。

⑩ 発注事業者がフリーランスの業務遂行に必要な経費を負担することを明示したにもかかわらず、その費用を支払わない。

⑪ 発注事業者が業務をフリーランスに再委託した場合に、そのような取り決めをしていないにもかかわらず、元委託業務の実施に当たり加入した保険契約の保険料をフリーランスに負担させる。

⑫ 両社の間で業務委託の更新は義務と決めておらず、契約更新しない際に違約金が発生する旨の取り決めがないにもかかわらず、フリーランスが契約更新しなかった場合に、発注事業者がフリーランスに違約金を求める。

返品の禁止（禁止行為③）

一度納品された成果物を不当に返品することは禁止されています。どのような返品が禁止されているのか、逆にどのような返品が認められるのか、詳しく見ていきましょう。

1 フリーランスへの不当な返品の禁止

フリーランスに責任がないにもかかわらず、発注事業者が納品物を受領後に**不当に返品する**ことは禁止されています。フリーランスは発注事業者に委託されたものを返品されると、その納品物は完全に無駄になってしまうため、利益を著しく損なわれます。これを防止するため、たとえフリーランスの合意を得ていたり、発注事業者に違法性の認識がなくても、返品する行為はフリーランス法違反とされています。

2 返品が成立するケース

しかしながら、これは**報酬減額**の場合と同様、いかなる場合でも返品できないという意味ではありません。発注事業者がフリーランスへ納品物を返品できるケースも存在します。

それは、フリーランスの納品物が書面によって明記された委託内容と異なる場合です。

この場合は、返品が認められる期間内に限り、返品が可能です。ただし、下記のような場合は委託内容と異なることや不備があることを理由に返品ができません。

① 書面による委託内容が明記されていなかったり、検査基準が明確でなかったりするために、フリーランスの給付内容が委託内容と異なることが明らかではない場合。
② 発注後に意図的に検査基準を変更し、従来の検査基準では合格とされた給付を不合格にした場合。
③ 給付の検査を省略する場合。
④ 発注事業者が検査を行わず、検査をフリーランスに書面等で委任していない場合。

3 返品が成立する期間

返品が成立する条件を満たす場合でも、返品が認められる期間は別途定められています。この期間は、委託内容と異なることに直ぐに気づけるかどうかにより異なります。

委託内容と納品物が異なることに直ぐに気づいた場合は、納品物を受領後、速やかに返品することができます。ただし、この場合でも発注事業者が意図的に検査期間を延ばして、その後に返品することはできません。委託内容と納品物が異なることに直ぐに気づけない場合、給付の受領後6ヶ月以内であれば返品が認められますが、6ヶ月を超える場合には法律違反となります。ただし、フリーランスの納品物を使用した発注事業者の商品について、消費者に6ヶ月を超えて保証期間を定めている場合は、最長1年の保証期間内での返品が可能です。

FIGURE 29 返品可否のフローチャート

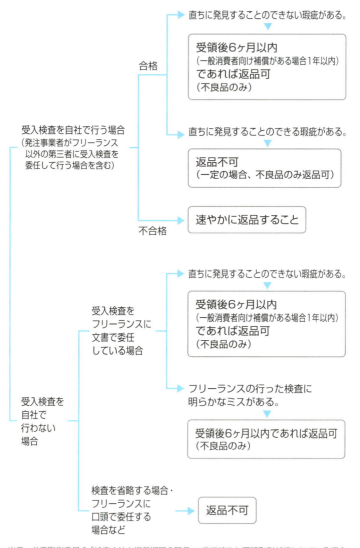

出典：公正取引委員会「検査方法と返品期間の関係 ※①継続的な下請取引が行われている場合において」 https://www.jftc.go.jp/regional_office/chubu/chubu_tidbits/no0014.pdf

買いたたきの禁止（禁止行為④）

フリーランスの対価は、適正なものではなくてはなりません。法律違反にならない報酬額は、どのように決めていくのでしょうか。

1 著しく低い報酬額設定の禁止

発注事業者が、フリーランスに発注する物品や役務に対して、フリーランスの属する取引地域で通常支払われる対価（以後、**通常の対価**）に比べて著しく低い報酬額を設定することは禁止されています。発注事業者がフリーランスと報酬額を決める際に、その地位を利用して低い報酬額をフリーランスに押し付けることは、フリーランスの利益が損なわれるため、公正な取引とは言えません。このようなことを引き起こさないためには、発注事業者からの積極的な価格転嫁に向けた協議の場を設けていく必要があります。

2 通常の対価とは？

それでは、「通常の対価」とは、どのように決められるのでしょうか。まず、通常の対価とは、同種または類似の取引の給付の内容や役務の提供について、フリーランスの取引地域において一般に支払われる対価のことを指します。

ただし、通常の対価を把握できない場合や難しい場合などで、これまでの給付と類似のものである場合は、以下の額を通常の対価に比べて著しく低い報酬の額とします。

① これまでの給付の単価を考慮して計算された対価に比べて、著しく低い報酬額
② 給付に必要なコストの著しい上昇が公表資料などで把握できる場合に、据え置かれた報酬額

3 買いたたきと認められるかどうかの判断基準

買いたたきに当たるかどうかは、基本的に以下の4つの要素を考慮して総合的に判断します。

①対価の決定方法

発注事業者とフリーランスとの間で十分な協議が行われた上での報酬額の決定かどうかという報酬の決定の方法を考慮します。

②対価の決定内容

発注事業者が地位を利用して一方的に定めた稼働かどうか、対価が不当で差別的かどうかなどを勘案します。

③「通常の対価」と「実際にフリーランスの給付の内容に対して支払われる対価」との乖離状況

通常の対価に比べて報酬が著しく低いかどうかということは、最も重要な要素です。

④給付に必要な原材料等の価格動向

業務を行うのに必要な原材料をフリーランスが負担している場合、その原材料の価格動向など、コストを加味します。

どのようなプロセスを経て報酬額の取り決めを行ったのかというところが重要となります。報酬額の決定にあたっては、通常の対価やフリーランスの状況を十分に考慮しながら、発注事業者とフリーランスとの間で協議をし尽くす必要があります。

FIGURE 30 買いたたきに該当する例

発注事業者の予算の都合で一方的に通常の対価より低い単価で報酬額を定める。

一律に一定比率で単価を引き下げて報酬額を定める。

フリーランスに見積りをさせた段階より給付内容や提供すべき役務が増えたにもかかわらず、報酬額の見直しをしない。

同種の給付について、特定の地域または顧客向けであることを理由に、通常の対価より低い単価で報酬額を定める。

納期が短い中での発注を行う際に、フリーランスに発生する費用の増加を考慮せずに通常の対価より低い報酬額を定める。

合理的な理由がないにもかかわらず、特定のフリーランスを差別して取扱い、他のフリーランスよりも低い報酬額を定める。

大量の発注をすることを前提としてフリーランスに単価の見積りをさせ、その見積価格の単価を短期で少量の発注しかしない場合の単価として報酬額を定める。

情報成果物の作成の委託において給付内容に知的財産権が含まれている場合、その知的財産権の対価についてフリーランスと協議せず、一方的に通常の対価より低い報酬額を定める。

コスト上昇分の取引価格への反映の必要性について明示的にフリーランスと協議せず、フリーランスが報酬の引き上げを求めても、回答をせずに報酬額を据え置く。

CHAPTER

4

禁止行為

85

購入・利用強制の禁止（禁止行為⑤）

発注事業者は、フリーランスに対して特定の物品やサービスの購入や利用を強制してはなりません。どのようなものが法律違反となるのか見ていきましょう。

1 不当に特定の物品や役務の購入・利用強制の禁止

「フリーランスの給付内容を均質にする」「給付内容の改善を図るために必要がある」などの正当な理由がなく、発注事業者が指定する物品を強制的に購入させたり、役務を強制的に利用させたりすることは、フリーランスに負担を負わせることになるため禁止されています。

●発注事業者の指定する物品・役務とは

発注事業者の指定する物品とは、原材料などだけではなく、発注事業者が購入させる対象として指定した自社商品や自社の関連会社が扱う商品はすべて含まれます。

●サービスも対象となる

購入強制の禁止の対象は商品のみではありません。保険、リース、インターネットプロバイダといった無形のサービスの利用についても同様です。正当な理由がなければ、発注事業者が利用させる対象として指定した自社商品や自社の関連会社が扱うサービスもすべて対象になります。

2 事実上違反となるケース

「強制して」購入をさせる・利用させるというのは、物の購入やサービスの利用を取引をする条件とする場合や、反対にフリーランスが購入・利用をしないことによって不利益を与える行為の他にも、事実上の違反となる行為があります。

基本的に、任意の購入依頼などの場合は違反には当たりません。しかし、これが発注事業者とフリーランスの関係性上、フリーランスが関係性の悪化を懸念するなどの理由で、その依頼を拒否できないケースは別です。たとえ発注事業者が任意でのお願いをしているつもりであっても、フリーランスの認識によっては購入・利用などを強制的に行わせているとみなされることがあるので、発注事業者は細心の注意が必要です。

FIGURE 31 購入・利用強制を禁止されているものと該当するケース

× 製品　× 原材料　× 自社イベントのチケット

× 保険　× リース　× インターネットプロバイダ

● 購入・利用強制に該当する例
- 購買担当者や外注担当者などの、業務委託先の選定や決定に影響を及ぼす可能性のある人がフリーランスに購入・利用を要請する。
- フリーランスごとに目標額や目標数などを決めて購入・利用の要請をする。
- フリーランスに対して、購入・利用をしなければ不利益な取扱いをすると言って購入・利用を要請する。
- フリーランスが購入・利用を拒否している、もしくは明らかにその態度を取っているにもかかわらず、度々購入・利用を要請する。
- フリーランスから購入する申出がないのにもかかわらず、一方的に物品を送付する。

不当な経済上の利益の提供要請の禁止（禁止行為⑥）

発注事業者は、業務委託の範囲外でフリーランスからの利益を求めてはいけません。どのような行為が利益提供要請に当たるかを見ていきましょう。

1 不当にフリーランスの利益を損なわせる行為は禁止

発注事業者が、自社のためにフリーランスに対して現金・サービス・その他の経済上の利益を提供させて、フリーランスの利益を不当に損なわせることは禁止されています。これは、協賛金・協力金・従業員の派遣などの名目を問わず、報酬の支払いとは別に金銭の提供・作業への労務の提供なども含まれます。例えば、委託内容とは関係のない、発注事業者の会社の手伝いなども違反に当たります。

2 経済上の利益提供要請の具体例

経済上の利益提供の具体的な例は、下記のようなものです。

・サンプルの提供要請

発注事業者は、プロモーション用のウェブサイトのデザインをフリーランスのデザイナーに委託したが、そのデザイナーに対して納品するデザインと同様のサンプルデザインを無償で提供させた。

・ソースコード・設計書などの無償譲渡要請

発注事業者は、アプリケーションの開発をフリーランスのエンジニアに委託したが、そのエンジニアに対して委託内容には明記されていないソースコードや設計書を無償で譲渡させた。

・**デザインデータの無償保管要請**

発注事業者は、印刷物のデザインをフリーランスのデザイナーに委託したが、納品後もデザイン素材やそれに関わる各種ファイルをデザイナーに保管させている。そのデザイナーからの破棄申請に対して、「社内の基準で判断することが難しい」といった理由で長期にわたり明確な返答を行わず、保管やメンテナンスにかかるコストを無視して無償でデザイン素材やそれに関わる各種ファイルを保管させた。

3 フリーランスによる経済上の利益提供が認められる場合

フリーランスが「**経済上の利益**」を提供することによって、業務委託を受けた物品の販売促進に繋がるなどの場合、経済上の利益を提供することによる不利益を実際の利益が上回ることがあります。その結果、フリーランスにとって直接的な利益になるという理由でフリーランス自身の意思により、これらを提供するケースは不当な利益提供であるとはいえないため、認められています。

不当にフリーランスの利益を損なわせることは禁止されています。

FIGURE 32 不当な経済上の利益の提供要請の例

■問題となる例

おたくに利益があるか分からないけど、店舗の改装があるから手伝いに来てね
人件費は払えないけど

次いつ使うか分からないし、保管費も払えないけど金型は保管しておいてね

親事業者

フリーランス

利益になるか分からないのに無償なんて…

保管にも費用はかかるのに…

親事業者　フリーランス

創立記念でセールをするから値引き相当額の協賛金を支払ってね

親事業者

フリーランス

うちは関係ないのに…

出典：公正取引委員会 公式Facebook　https://www.facebook.com/photo.php?fbid=3787635571285783&id=674042085978496&set=a.691420310907340

FIGURE 33 不当な経済上の利益の提供要請に該当する例

- 購買担当者や外注担当者などの、業務委託先の選定や決定に影響を及ぼす可能性のある人がフリーランスに金銭・労務などを要請する。

- フリーランスごとに目標額や目標数などを決めて金銭・労務などの要請をする。

- フリーランスに対して、要請に応じなければ不利益な取扱いをするといって金銭・労務などを要請する。

- フリーランスが提供を拒否している、もしくは明らかにその態度を取っているにもかかわらず、度々金銭・労務などの提供を要請する。

- 情報成果物などの作成時にフリーランスの知的財産権が発生した場合において、発注事業者が3条通知にて「知的財産権の譲渡・許諾」が含まれることを給付内容として明記していないにもかかわらず、無償で知的財産物をフリーランスに譲渡・許諾させる。

不当な給付内容の変更・やり直しの禁止（禁止行為⑦）

発注事業者は、フリーランスからの給付を不当にやり直しさせてはいけません。どのような行為が「不当なやり直し」なのか見ていきましょう。

1 やり直しでフリーランスの利益を不当に損なわせる

フリーランスに責任がないにもかかわらず、発注事業者が費用を負担せずに「発注そのものを取り消す」「委託内容を変更する」「給付のやり直しをさせる」ことによって、フリーランスの利益を不当に損なわせる行為は禁止されています。そのような行為は、フリーランスに当初委託された内容からすれば必要のない作業を行わせていることになります。その結果、フリーランスの利益が損なわれてしまうので、これを防止する狙いです。給付内容を変更した場合は、その変更内容を明記して保存する必要があり、受領した後にやり直しや追加作業を行わせたりする場合は、フリーランスが作業に当たって負担する費用を発注事業者が負担しなくてはなりません。

2 「不当なやり直し」とは

それでは、どのような行為が「**不当なやり直し**」となるのでしょうか。具体的には次のような行為が挙げられます。

・広告制作の修正

発注事業者が、定期的に放送される Web 動画の制作をフリーランスの映像クリエイターに委託したところ、完成品が納入された後に、委託内容に基づいて制作されており不備はなかったにもかかわらず、放映された Web 動画を見たクライアントから修正の指示があったことを理由に、発注事業者はフリーランスに対し、動画の修正を行わせ、その追加費用を負担しなかった。

・印刷物の作業のやり直し

発注事業者が、ダイレクトメールのデザインと印刷をフリーランスのデザイナーに委託したが、十分な説明を行わずに作業を進めさせた。後日、自社の都合で作業のやり直しを要求し、その変更に要した費用をフリーランスに負担させた。

・製品デザインの基準変更

発注事業者は、フリーランスのデザイナーに対して製品デザインの制作を委託しているところ、従来の基準で合格していたはずのデザインについて、検査基準を一方的に変更し、デザイナーに無償でのやり直しを求めた。

③ やり直しが認められる場合

　フリーランスへのやり直し要求が認められる場合もあります。1つ目は、やり直しを求めた場合に、フリーランスの利益が損なわれないように発注事業者が費用を全額負担する場合。2つ目は、フリーランスの責めに帰すべき事由がある場合です。ただし、これが認められるのは、次の場合に限られます。

① 給付を受領する前に、フリーランスからの要請で発注内容を変更する場合。
② 給付を受領する前の確認をした際に、3条通知にて明記した「給付内容」と成果物が異なることが判明し、給付内容を変更させる必要がある場合。
③ 納品後、給付内容が3条通知に沿っていなかったため、フリーランスに再作業を依頼する場合。

FIGURE 34 発注事業者都合の「やり直し」の禁止

■やり直しを強要された

あの、そろそろ画像の仕様を教えてもらえませんか？

任せるから、いい感じに作って

………… 納品後 …………

こないだ作ってもらった画像が小さいから全部描き直して！そちらのミスだから

どうして

契約に基づいて仕様通りに業務をした後に、やり直しをさせられた場合等は…

「やり直しの要請」に該当するおそれがあります

FIGURE 35 発注事業者が全額負担せずにやり直しを要請できない場合

- フリーランスからの給付の受領前に、フリーランスから給付内容を明確にしてほしいと言われたにもかかわらず、発注事業者が正当な理由なく給付内容を明確にしなかった場合
- 委託内容についてフリーランスが提案し、発注事業者が了承したので、その内容の通りに作業をしていた場合
- 業務委託をした後に検査基準を恣意的に厳しくした場合
- 納品物受領後、1年を経過した場合（責任期間を別途定めている場合は除く）

Column

フリーランスは会社員より幸せか？

　フリーランスとして働くみなさんは、フリーランスという働き方に「幸せ」を感じていますか？　本書を読んでいる方の中には、会社員からフリーランスになろうかどうか考えている方もいるかもしれません。人生の多くを占める仕事の時間は幸せを感じられるのが理想ですよね。実際のところ、フリーランスという働き方は会社員に比べて幸福度が高いのでしょうか。

　今回は、「幸福度」を働き方に対する「満足度」や「ワークエンゲージメント」という切り口で見ていきたいと思います。

　一般社団法人プロフェッショナル＆パラレルキャリア・フリーランス協会の「フリーランス白書2019」によると、会社員は仕事に対して満足している人が29.8％、不満に思っている人が28.7％であるのに対し、フリーランスは仕事に対して満足している人が73.5％、不満に思っている人が11.0％と、大幅に差があることがわかります。

　また、項目別に見ても、「就業環境」「人間関係」「達成感や充実感」「スキル・知識・経験の向上」「プライベートとの両立」「社会的地位」「収入」「人脈形成」のどの項目もフリーランスの満足度は会社員を大幅に上回っており、不満度は「社会的地位」を除いてすべて下回っているため、会社員に比べてかなり満足度は高いといえます。

　次に、ワークエンゲージメントについて見てみましょう。ワークエンゲージメントとは、仕事への活力、熱意、没頭を表すものです。日本人のワークエンゲージメントは、世界最低水準とされています。しかし、会社員のワークエンゲージメントが2.40なのに対し、フリーランスは4.01と大きく差があります。これは国際的に見ても欧米諸国の水準とほぼ同水準であり、モチベーション高く仕事ができているといえます。

こうして見ると、フリーランスの幸福度はかなり高く、幸せといえるのではないでしょうか。もちろん、このような結果はフリーランス自身がやりたいことや主体性があってのことです。働く人それぞれが自分なりの幸せな働き方を見つけられるといいですね。

フリーランスと会社員の満足度比較

【フリーランス】n=869 （単位：%）

項目	非常に満足	満足	どちらでもない	不満	非常に不満
全般	21.4	52.1	15.4	9.2	
就業環境(働く時間／場所など)	29.3	44.8	16.5	7.8	
仕事上の人間関係	29.8	47.8	17.1	3.9	
達成感／充実感	33.6	44.1	15.8	5.3	
スキル／知識／経験の向上	28.7	44.3	17.8	7.8	
プライベートとの両立	32.8	38.0	7.5	9.2	2.5
社会的地位	11.3	23.5	39.0	18.4	7.8
収入	9.2	25.9	24.1	27.5	13.3
多様性に富んだ人脈形成	27.0	34.8	25.8	8.9	3.6

【会社員】n=1,030 （単位：%）

項目	非常に満足	満足	どちらでもない	不満	非常に不満
全般	2.8	27.0	41.5	22.3	6.4
就業環境(働く時間／場所など)	7.3	35.0	30.9	21.6	5.3
仕事上の人間関係	6.7	31.7	33.4	19.5	8.6
達成感／充実感	2.1	28.6	43.5	19.0	6.7
スキル／知識／経験の向上	2.3	25.5	47.2	9.3	5.6
プライベートとの両立	8.4	35.3	34.0	16.5	5.7
社会的地位	2.1	21.1	52.9	17.9	0.0
収入	1.1	16.5	28.3	35.7	18.4
多様性に富んだ人脈形成	1.6	11.8	57.1	21.7	7.8

■非常に満足　■満足　■どちらでもない　■不満　■非常に不満

MEMO

妊娠・出産・育児・介護への配慮、ハラスメント対策

　フリーランスは、自由な働き方ができる代わりに労働基準法が適用されず、これによる保護はありません。このような状態では、フリーランスにとって働きやすい環境とはいえません。そこで、フリーランス法では、発注事業者への「義務項目⑤：妊娠・出産・育児・介護」や「義務項目⑥：ハラスメントに配慮する体制整備」が義務化されました。

妊娠・出産・育児・介護配慮義務

妊娠・出産・育児・介護配慮義務について解説していきます。フリーランス法で新たに定められた内容が多いので、詳しく解説していきましょう。

1 フリーランスのライフイベントに配慮しなければならない

　フリーランスは、**労働基準法**が適用されないため、妊娠・出産・育児・介護（以後、**育児介護等**）のような大きなライフイベントがあったとしても、**育児休暇**や**介護休暇**などの制度を利用することができません。そこでフリーランス法では、フリーランスからの申出に応じて、発注事業者は仕事と育児介護等との両立の配慮をするように定めました。配慮の手順についてはP.100の図を参照してください。

2 配慮の準備

　フリーランスが安心して配慮の申出をするには、発注事業者による事前の準備が必要です。具体的には、下記の2点を行っておくことが望まれます。

① 配慮の申出が可能であることや、配慮を申し出る際の窓口や担当者、配慮の申出を行う場合の手続きなどをフリーランスに周知する。
② 職場で育児介護等に否定的な言動が行われているなど、配慮の申出を行いにくい状況がある場合、それを解消するための取り組みを行うなど育児介護等の理解促進に努める。

3 育児介護等の配慮の例

　発注事業者による育児介護等の配慮の内容は下記のようなものになります。

・「妊婦検診がある日に打ち合わせの時間を調整してほしい」との申出に対し、調整した上でフリーランスが打ち合わせに参加できるようにする。
・「妊娠による症状により急遽業務に対応できなくなる場合について相談したい」という申出に対し、そのような場合の対応についてあらかじめ取り決めをしておく。
・「出産のため、一時的に事業所から離れた実家に居住するので、成果物の納品方法を対面での手渡しから宅配便での郵送に切り替えてほしい」との申出に対し、納品方法を変更する。
・「子の急病などにより作業時間を予定通り確保することができなくなったので、納期を短期間繰り下げることが可能か」という申出に対し、納期を変更する。
・「介護のために特定の曜日についてはオンラインで仕事をしたい」との申出に対し、一部の業務をオンラインに切り替えるように調整する。

　フリーランスからの申出を無視することは法律違反ですが、配慮のステップを踏んで、やむを得ず希望に応えられない場合は違反には当たりません。

FIGURE 36 発注事業者の配慮

発注事業者は、フリーランスからの申出があった場合、次の1〜3の配慮を行わなければなりません。

フリーランス

育児介護等の配慮に関する発注事業者への申出

- 介護のため月曜日と水曜日以外で打ち合わせを調整したいです。
- 育児があるのでオンラインでの業務に変更したいです。

発注事業者

1. 申出の内容等の把握
2. 取り得る選択肢の検討

- 関係者と日程調整してみます。
- 取引先にも確認します。

実施できる場合 → 3. 配慮の内容の伝達・実施
- 打ち合わせの日は火曜日で調整します。

実施できない場合 → 3. 配慮不実施の伝達・理由説明
- 今回は環境の作業が必須なので、オンラインへの変更は難しいです。

1. 申出の内容等の把握

フリーランスから申出があった場合には、その内容を十分に把握することが必要です。
※申出の内容を共有する者の範囲は必要最低限にするなど、プライバシーの保護に留意しましょう。

共有範囲については、必要に応じてフリーランスの意向を確認して対応するのが有効です。

法律違反となる例 申出があったにも関わらず、フリーランスの申出内容を無視する。

2. 取り得る選択肢の検討

フリーランスの希望する配慮や、取り得る対応を十分に検討することが必要です。

法律違反となる例 フリーランスから申出のあった配慮について実施可能か検討しない。

3. 配慮の内容の伝達・実施／配慮不実施の伝達・理由の説明

配慮の内容や選択肢について十分に検討した結果、①業務の性質、実施体制等を踏まえると難しい場合や、②配慮を行うと業務のほとんどができない等契約目的の達成が困難な場合など、やむを得ず必要な配慮を行うことができない場合には、不実施の旨を伝達し、その理由について、必要に応じ、書面の交付・電子メールの送付等により分かりやすく説明することが必要です。

法律違反となる例 配慮不実施としたにも関わらず、その理由を説明しない。

出典：内閣官房、公正取引委員会、中小企業庁、厚生労働省「ここからはじめるフリーランス・事業者間取引適正化等法」 https://www.mhlw.go.jp/content/001329767.pdf

CHAPTER 5-2 ハラスメント対策義務

> フリーランスへのハラスメントの対策義務について触れてみたいと思います。これまでとどう変わったのでしょうか？

1 フリーランスもハラスメントからの保護対象に

2020年に**パワハラ防止法**施行の**ハラスメント対策義務**化がされたことを受け、多くの企業がハラスメント対策をしていることと思います。ただし、これまでの職場におけるハラスメント対策は雇用契約を結んでいることが前提でした。フリーランスは個人での活動である以上、企業に対して立場が弱くなってしまい、ハラスメントを受けやすい立場にある状況を受け、今回のフリーランス法では、フリーランスも社員と同様にハラスメントからの保護対象になっています。

2 飲み会もハラスメント対策義務の対象になり得る

業務委託におけるハラスメントの対象となるのは、フリーランスが業務委託に関連する業務を遂行する場所や場面です。これは、普段業務を行っているオフィスでなくても、打ち合わせのために利用する飲食店や顧客の自宅などでも同様に適用されます。

業務時間以外の「**懇親の場**」すなわち飲み会や業務を行う場所への移動中などでも、実質上、業務遂行の延長と考えられるものも対象となります。ただし、その判断は業務との関連性や参加者など、参加や対応の目的や性質を考慮して個別に行う必要があります。

CHAPTER 5 妊娠・出産・育児・介護への配慮、ハラスメント対策

101

フリーランスのハラスメント被害の有無と内容

【ハラスメント被害の有無】

経験したことがない 89.9%

経験したことがある 10.1%

【被害の内訳】

※下記合計が10.4%と上記10.1%を超えているのは複数回答のため

セクハラ（依頼者等からの性的な言動に対するあなたの反応を理由として仕事上で不利益を受けるなどした）	2.5%
セクハラ（依頼者等の性的な言動によって就業環境が不快なものとなり、あなたの業務の遂行に悪影響が生じるなどした）	1.5%
パワハラ（身体的な攻撃、精神的な攻撃、業務の過大・過小な要求、人間関係からの切り離し、個の侵害）	6.1%
マタハラ（妊娠・出産に関する言動によってあなたの就業環境が害されるもの）	0.4%

出典：「令和4年度フリーランス実態調査結果」（内閣官房）を元に作成。

ハラスメント対策に係る体制整備義務（第14条）

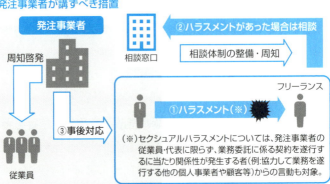

出典：内閣官房、公正取引委員会、中小企業庁、厚生労働省「ここからはじめるフリーランス・事業者間取引適正化等法」 https://www.mhlw.go.jp/content/001329767.pdf

CHAPTER 5-3 ハラスメントとは

ここでは、ハラスメントの定義について解説していきましょう。様々な種類のハラスメントがあるので、それぞれの特徴を知っておきましょう。

1 ハラスメントの定義

ハラスメント対策をするには、**ハラスメント**とは何かを知っておく必要があります。ハラスメントとは、「嫌がらせ」「迷惑行為」を指す言葉で、「相手の嫌がることをして不快感を覚えさせる行為全般」のことです。ハラスメントには様々な種類がありますが、法律で定義されているものは下記の通りです。

●セクシュアルハラスメント（セクハラ）

性的な言動や行為によって相手に不快感を与える行為。身体に触れる以外にも、性別による固定観念の押しつけなども含まれます。

●マタニティハラスメント（マタハラ）

妊娠・出産を理由に不当な扱いをする行為。出産のために休養した同僚に文句を言うことなどが挙げられます。

●パワーハラスメント（パワハラ）

上司や同僚などの権力を持つ者が、権限を乱用して相手を困惑させる行為。暴言や過剰な業務の強要などが挙げられます。

●パタニティハラスメント（パタハラ）

男性の父親としての育児参加を理由に不当な扱いをする行為。男性の育児休業取得に対する偏見や差別がこれに含まれます。

CHAPTER 5 妊娠・出産・育児・介護への配慮、ハラスメント対策

●ケアハラスメント（ケアハラ）

介護のための時間や配慮を求めることを理由に不当な扱いをする行為。家族の介護を理由に待遇が不利になるなどがあります。

2 職場特有のハラスメント

特に、マタハラ・パタハラ・ケアハラの3つは、まとめて「職場における妊娠・出産・育児休業等に関するハラスメント」とされています。他には、人格否定をする「**モラルハラスメント（モラハラ）**」、望まない飲酒を強要する「**アルコールハラスメント（アルハラ）**」などもあります。

FIGURE 39 職場におけるハラスメントの種類と内容

セクシャルハラスメント	意に沿わない性的誘い掛けや好意的態度の要求等、性的な嫌がらせ行為をいう。職場においては、性的な言動により職員を侮辱したり、就業環境を害したりすること。また、その言動への対応により当該職員が不利益を被るケースも多い。 例）不必要に身体に触れる。性的関係を要求し、断った場合、解雇する。身体的な特徴に対して、差別的な言葉を言う。
マタニティハラスメント	妊娠・出産したこと、育児休業等の利用に関する上司・同僚からの言動により、妊娠・出産した女性労働者や育児休業等を申出・取得した男女労働者等の就業環境が害されること。 例）「忙しい時に妊娠するな」、つわりなどによる体調不良を訴えても「迷惑をかけるな」など、妊娠に関する嫌みを言う。「男のくせに育児休業を取るなんてありえない」「夜勤ができないならパートになればいいのに」などと言う。
パワーハラスメント	同じ職場に働くものに対して、職務上の地位や職場での人間関係などの優位性を背景に、業務の適正な範囲を超えて、精神的・身体的苦痛を与える行為。 例）必要以上に大声で怒鳴ったり、物を投げたりする。遂行不可能な過大な要求をする。能力や業績を過小評価する。
モラルハラスメント	パワーハラスメントと共通しているが、職場での優位性に関係なく行われる精神的な嫌がらせ行為。本人の知らないうちに陰湿に行われることが多く、怒りなどによる一過性のものではない。 例）周囲を巻き込んで無視する。見下すような態度をとる。長時間にわたり執拗に叱責する。

出典：https://www.nurse.or.jp/nursing/shuroanzen/safety/harassment/index.html

セクシュアルハラスメント

ここでは、セクシュアルハラスメントについて解説していきましょう。2つの類型があるので、どのような対応が必要か解説していきます。

1 セクハラは「対価型」と「環境型」に分かれる

セクシュアルハラスメント、いわゆる「**セクハラ**」は、最も知名度の高いハラスメントの1つですが、依然としてその被害は多発しています。また、セクハラを行う本人がセクハラの認識がなくても、相手にとっては深刻な影響を及ぼすことがあり、これもセクハラと認められることもあります。

セクハラには、下記の2つの類型があります。

●**対価型セクハラ**

性的な言動に対するフリーランスの対応により、契約の解除などの不利益を受けるもの。

●**環境型セクハラ**

フリーランスの就業環境が不快なものとなり、その結果として能力の発揮に重大な悪影響が生じるもの。

2 対価型セクハラの具体例

対価型セクハラは、性的な言動に対するフリーランスの反応により、契約の解除等の不利益を受けるケースです。具体的には、下記のような例があります。

●契約解除の要求

フリーランスに対し性的な関係を要求したが拒否されたため、フリーランスとの契約を解除する。

●不利益な条件の提示

フリーランスがプロジェクトに参加するために、発注事業者から性的な関係を持つことを条件として求め、拒否した場合には次の案件への参加を拒否した。

3 環境型セクハラの具体例

環境型セクハラは、フリーランスの就業環境が不快なものになり、その結果として能力の発揮に重大な悪影響を及ぼすケースです。具体的には、下記のような例があります。

●性的情報の拡散

発注事業者の従業員が、同じ事業所で就業するフリーランスに関係する性的な内容の情報を意図的かつ継続的に広めたために、フリーランスが苦痛に感じ、業務に集中できなくなる。

●不適切な発言の継続

発注事業者の従業員が、フリーランスに対して業務中に性的なジョークや侮辱的な発言を繰り返し行い、その結果、フリーランスが職場環境に対して不快感を覚え、仕事のパフォーマンスが低下する。

40 セクシュアルハラスメントの2つの類型

■「対価型セクシュアルハラスメント」とは
労働者の意に反する性的な言動に対する労働者の対応（拒否や抵抗）により、その労働者が解雇、降格、減給、労働契約の更新拒否、昇進・昇格の対象から除外、客観的に見て不利益な配置転換等の不利益を受けることです。

● 典型的な例
- 事務所内において事業主が労働者に対して性的な関係を要求したが、拒否されたため、その労働者を解雇すること。
- 出張中の車中において上司が労働者の腰、胸等に触ったが、抵抗されたため、その労働者について不利益な配置転換をすること。
- 営業所内において事業主が日頃から労働者に係る性的な事柄について公然と発言していたが抗議されたため、その労働者を降格すること。

■「環境型セクシュアルハラスメント」とは
労働者の意に反する性的な言動により労働者の就業環境が不快なものとなったため、能力の発揮に重大な悪影響が生じる等その労働者が就業する上で看過できない程度の支障が生じることです。

● 典型的な例
- 事務所内において上司が労働者の腰、胸等に度々触ったため、その労働者が苦痛に感じてその就業意欲が低下していること。
- 同僚が取引先において労働者に係る性的な内容の情報を意図的かつ継続的に流布したため、その労働者が苦痛に感じて仕事が手につかないこと。
- 労働者が抗議しているにもかかわらず、同僚が業務に使用するパソコンでアダルトサイトを閲覧しているため、それを見た労働者が苦痛に感じて業務に専念できないこと。

出典：厚生労働省 都道府県労働局雇用環境・均等部（室）「職場におけるパワーハラスメント対策、セクシュアルハラスメント対策、妊娠・出産・育児休業等に関するハラスメント対策は事業主の義務です！」 https://www.mhlw.go.jp/content/11900000/001331008.pdf

41 「性的な言動」とは

性的な言動とは、性的な内容の発言および性的な行動を指します。
● 性的な言動の例
①性的な内容の発言
性的な事実関係を尋ねること、性的な内容の情報（噂）を流布すること、性的な冗談やからかい、食事やデートへの執拗な誘い。個人的な性的体験を話すこと等
②性的な行動
性的な関係を強要すること、必要なく身体へ接触すること、わいせつ図画を配布・掲示すること、強制わいせつ行為等

出典：厚生労働省 都道府県労働局雇用環境・均等部（室）「職場におけるパワーハラスメント対策、セクシュアルハラスメント対策、妊娠・出産・育児休業等に関するハラスメント対策は事業主の義務です！」 https://www.mhlw.go.jp/content/11900000/001331008.pdf

マタニティハラスメント

マタニティハラスメントについて解説します。こちらも2つの類型があるので、具体例も交えて詳しくご説明いたしましょう。

1 マタハラの2つの類型

マタニティハラスメント、いわゆる「**マタハラ**」も、最近では広く知られるようになってきたハラスメントの1つです。セクハラと同様に、マタハラも「状態への嫌がらせ型」と「配慮申出等への嫌がらせ型」の2つの類型に分けることができます。

2 状態への嫌がらせ型マタハラの具体例

状態への嫌がらせ型マタハラは、フリーランスが妊娠・出産したことや、つわりなどの状態により業務を行えないことなどに関する言動で不当な扱いを受け、就業環境が害されるケースです。

●**妊娠したことによる嫌がらせ**
フリーランスが妊娠したことを理由に、発注事業者から無視をされたり冷たい態度を取られたりする。

●**契約解除の示唆**
妊娠したことを理由に、契約の解除やその他の不利益な取扱いをほのめかされる。

●**つわりに対する理解不足**
つわりがひどく、業務に支障が出ている場合、発注事業者が「つわりは甘えだ」といった侮辱的な発言をする。

3 配慮申出等への嫌がらせ型マタハラの具体例

配慮申出等への嫌がらせ型マタハラは、妊娠・出産に関して配慮の申出を行った際に不当な扱いを受け、就業環境が害されるケースです。

●申出の阻害

フリーランスが妊娠に関して配慮を求めた際に、「そんなことを言わない方がいい」と圧力をかけられる。

●配慮を受けた後の嫌がらせ

妊娠に伴う配慮を受けたことで、発注事業者からの業務内容の変更や報酬の減少などの嫌がらせを受ける。

●配慮の申出による契約解除の示唆

配慮を求めたことを理由に契約の解除や不利益な取扱いを示唆される。

FIGURE 42 マタニティハラスメントの2つの類型

■状態への嫌がらせ型
女性労働者が妊娠したこと、出産したこと等に関する言動により就業環境が害されるもの

- 解雇その他不利益な取り扱いを示唆するもの
- 妊娠等したことにより嫌がらせ等をするもの

■配慮申出等への嫌がらせ型
フリーランス法の利用に関する言動により、就業環境が害されるもの

- 配慮申出等の請求または配慮申出等の利用を阻害するもの
- 配慮申出等をしたことにより嫌がらせ等をするもの
- 解雇その他不利益な取り扱いを示唆するもの

パワーハラスメント

ここでは、パワーハラスメントについて解説していきます。様々な類型があるので、具体例も挙げながら説明していきます。

1 パワハラの定義

パワーハラスメントについて、定義までは知らない方も多いかもしれません。フリーランス法でのパワハラの定義は、以下の3つの要素をすべて満たすものです。

> ① 取引上の優越的な関係を背景とした言動である。
> ② 業務委託に係る業務を遂行する上で必要かつ相当な範囲を超えたもの。
> ③ フリーランスの就業環境を害するもの。

ここでのポイントは、パワハラと認められるのは業務上必要かつ相当な範囲を超えているもののみという点です。個人の受け止め方により不満に感じる指示や注意・指導があっても「業務の適正な範囲」であればパワハラには該当しません。

2 パワハラを放置した際の企業への影響

職場でのパワハラを放置すれば、パワハラを受けている本人が心の健康を害するだけでなく、職場の雰囲気やパフォーマンスの低下、人材の流出などの悪影響を及ぼすことが考えられます。法的責任を問われた際には訴訟による金銭的な負担が発生するだけではなく、社会からの企業イメージが著しく低下することなども考えられます。パワハラは、被害者のみならず企業全体への影響を与えてしまう重大な問題です。

FIGURE 43 パワーハラスメントの類型

類型	該当例	非該当例
身体的な攻撃	・殴打、足蹴り ・相手に物をぶつける	・誤ってぶつかる
精神的な攻撃	・人格を否定するような言動（相手の性的志向・性自認に関する侮辱的な言動） ・業務の遂行に関する必要以上に長時間にわたる叱責を繰り返し行う ・他の労働者の面前における大声での威圧的な叱責を繰り返し行う ・相手の能力を否定し、罵倒するような内容のメール等を当該相手を含む複数の労働者宛に送信する	・遅刻など社会的ルールを欠いた言動が見られ、再三注意してもそれが改善されない労働者に対して一定程度強く注意する ・その企業の業務の内容や性質等に照らして重大な問題行動を行った労働者に対して、一定程度強く注意すること
人間関係からの切り離し	・自身の意に沿わない労働者に対して、仕事を外し、長期間にわたって、別室に隔離したり、自宅研修させる ・一人の労働者に対して同僚が集団で無視して、職場で孤立させる	・新規に採用した労働者を育成するために短期間集中的に別室で研修等の教育を実施すること ・懲戒規定に基づき処分を受けた労働者に対し、通常の業務に復帰させるために、その前に、一時的に別室で必要な研修を受けさせる
過大な要求	・長期間にわたる、肉体的苦痛を伴う過酷な環境下での勤務に直接関係のない作業を命ずる ・新卒採用者に対して、必要な教育を行わないまま、到底できないレベルの業績目標を課し、達成できなかったことに対し、厳しく叱責する ・労働者に業務とは関係のない私的な雑用の処理を強制的に行わせる	・労働者を育成するために現状よりも少し高いレベルの業務を任せる ・業務の繁忙期に、業務上の必要性から、当該業務の担当者に通常時よりも一定程度多い業務の処理を任せる
過小な要求	・管理職である労働者を退職させるため、誰でも遂行可能な業務を行わせる ・気に入らない労働者に対して嫌がらせのために仕事を与えない	・労働者の能力に応じて、一定程度業務内容や業務量を軽減する
個の侵害	・労働者を職場外でも継続的に監視したり、私物の写真撮影をしたりする ・労働者の性的志向・性自認や病歴、不妊治療等の機微な個人情報について、当該労働者の了解を得ずに他の労働者に暴露する	・労働者への配慮を目的として、労働者の家族の状況等についてヒアリングを行う ・労働者の了解を得て、当該労働者の性的指向・性自認や病歴、不妊治療等の機微な個人情報について、必要な範囲で人事労務部門の担当者に伝達し、配慮を促す

出典：https://www.mhlw.go.jp/content/11900000/001331008.pdf

ハラスメント防止に向けて具体的な対応

これまで紹介してきたハラスメントに対して、発注事業者は、どのように対策を取ればよいのでしょうか？ 具体的に解説していきます。

1 ハラスメント防止のための3つの対策

発注事業者は、フリーランスに対するハラスメント行為について適切に対応するために、必要な体制の整備やその他の必要な措置を講じなければなりません。具体的には、下記の3つの対策が挙げられます。

① ハラスメント予防の啓発
② 相談に対応するための体制整備
③ ハラスメント発生後の迅速かつ適正な対応

2 ハラスメント予防の啓発

まず、ハラスメントが発生する前にできる対策として、発注事業者は「フリーランスに対してハラスメントを行ってはならない」ということを社内で周知する必要があります。これには、継続的な啓発活動が不可欠です。具体的な施策としては、以下のようなものが考えられます。

●ハラスメント研修の実施

定期的に社員向けにハラスメント防止の研修を行い、意識を高めることが重要です。

●社内報での周知

社内報や掲示板を利用して、ハラスメントに関する情報を定期的に提供することも効果的です。

●厳正な対処の取り決め

ハラスメント行為を行った社員に対しては厳正に対処するという方針を明確にし、就業規則にその規定を盛り込むことで、抑止力を高めます。

3　相談に対応するための体制整備

次に、発注事業者はフリーランスからのハラスメントに関する相談に対応するための体制を整備する必要があります。具体的な施策としては、下記のようなものが挙げられます。

●相談窓口の設置

フリーランスがハラスメントについて相談できる窓口を設けます。この窓口は、社内の従業員向けのものをフリーランスも利用できるようにするか、専門の外部機関に委託することも1つの手です。

●周知活動

相談窓口の存在や利用方法についてフリーランスに周知し、安心して相談できる環境を確保します。

●相談対応の質の確保

相談窓口の担当者は、フリーランスからの相談に対して適切かつ迅速に対応するためのトレーニングを受けておく必要があります。

4　ハラスメント発生時の迅速かつ適正な対応

さらに、ハラスメントが発生してしまった際の対策を講じておくことも重要です。具体的には、以下のステップを踏むことが求められます。

● **迅速性の高い事実確認**
発生したハラスメントについて、発注事業者は迅速かつ正確に事実を確認し、把握します。

● **被害者への配慮**
被害者に対しての適正な配慮を行い、精神的なサポートや必要に応じて適切な対策を講じます。

● **加害者への適切な対処**
ハラスメント行為を行った者に対しても、状況に応じた適切な対策を講じます。

● **再発防止策の実施**
ハラスメントに関する再周知や、意識を高めるための研修などを行い、再発防止に努めます。

発注事業者は、ハラスメント防止のためにしっかりと対策を講じなければなりません！

ハラスメント防止のために事業者が講ずべき措置

事業主が、職場におけるセクシュアルハラスメント又は妊娠・出産・育児休業等に関するハラスメントを防止するために雇用管理上講ずべき措置は以下のとおりです。

※事業主は、これらの措置を必ず講じなければなりません。

職場における セクシュアルハラスメントを 防止するために講ずべき措置	職場における 妊娠・出産・育児休業等に関するハラスメントを 防止するために講ずべき措置

事業主の方針の明確化及びその周知・啓発

① ・セクシュアルハラスメントの内容
・セクシュアルハラスメントを行ってはならない旨の方針を明確化し、管理監督者を含む労働者に周知・啓発すること。

・妊娠・出産・育児休業等に関するハラスメントの内容
・妊娠・出産等、育児休業等に関する否定的な言動が職場における妊娠・出産・育児休業等に関するハラスメントの発生の原因や背景となり得ること
・妊娠・出産・育児休業等に関するハラスメントを行ってはならない旨の方針
・制度等の利用ができることを明確化し、管理監督者を含む労働者に周知・啓発すること

② セクシュアルハラスメントや妊娠・出産・育児休業等に関するハラスメントの行為者については、厳正に対処する旨の方針・対処の内容を就業規則等の文書に規定し、管理監督者を含む労働者に周知・啓発すること。

相談（苦情を含む）に応じ、適切に対応するために必要な体制の整備

③ 相談窓口をあらかじめ定め、労働者に周知すること。
④ 相談窓口担当者が、内容や状況に応じ適切に対応できるようにすること。
セクシュアルハラスメントや妊娠・出産・育児休業等に関するハラスメントが現実に生じている場合だけでなく、発生のおそれがある場合や、これらのハラスメントに該当するか否か微妙な場合であっても、広く相談に対応すること。

職場におけるハラスメントへの事後の迅速かつ適切な対応

⑤ 事実関係を迅速かつ正確に確認すること。
⑥ 事実確認ができた場合には、速やかに被害者に対する配慮の措置を適正に行うこと。
⑦ 事実確認ができた場合には、行為者に対する措置を適正に行うこと。
⑧ 再発防止に向けた措置を講ずること。

併せて講ずべき措置

⑨ 相談者・行為者等のプライバシーを保護するために必要な措置を講じ、周知すること。
⑩ 事業主に相談したこと、事実関係の確認に協力したこと、都道府県労働局の援助制度の利用等を理由として解雇その他不利益な取扱いをされない旨を定め、労働者に周知・啓発すること。

職場における妊娠・出産・育児休業等に関するハラスメントの原因や背景となる要因を解消するための措置

⑪ 業務体制の整備など、事業主や妊娠等した労働者その他の労働者の実情に応じ、必要な措置を講ずること。

出典：https://www.mhlw.go.jp/content/11900000/001331008.pdf

Column

Netflix が開発したハラスメント防止策 「リスペクト・トレーニング」

　立場上、フリーランスが受けやすいハラスメントですが、特にエンタメ業界では芸能従事者へのパワハラ・セクハラが問題視されています。日本俳優連合、MICフリーランス連絡会、プロフェッショナル＆パラレルキャリア・フリーランス協会「フリーランス・芸能関係者へのハラスメント実態アンケート」を見ると、想像を絶するほどのパワハラ・セクハラが行われている実態がわかります。

　世界に目を向けると、このような状況を改善しようという動きもあります。Netflixが開発した「**リスペクト・トレーニング**」では、撮影前にパワハラやセクハラといったハラスメント防止への理解を深め、受講者同士での意見交換を行います。監督やプロデューサー、演者やカメラクルー、美術スタッフ、さらにはロケバスの運転手やケータリング業者に至るまで、関係者全員がこのトレーニングを受講しなければ撮影はスタートできません。Netflixが制作する質の高い作品の背景には、業務に取り掛かる前に、このような環境整備が行われているのですね。

　フリーランスが安心して業務に集中するには、ハラスメントの防止が不可欠です。ハラスメントが足枷になり、精神的なダメージを受けるだけではなく、業務パフォーマンスが落ちてしまいます。フリーランス法によって、このようなハラスメントが無くなっていくといいですね。

Q.あなたは下記のような体験をしたり、見聞きしたりしたことがありますか？
（複数回答可／n=1,218）

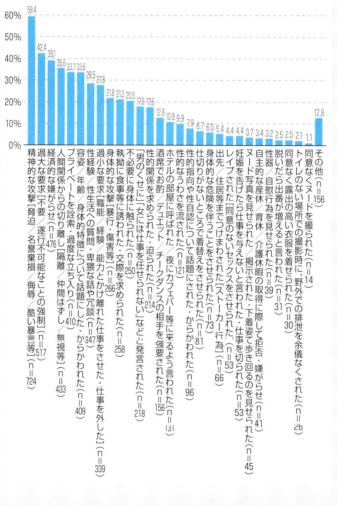

MEMO

契約の解除・不更新

　フリーランス法では「義務項目⑦：中途解除等の事前予告・理由開示」の通り、契約の解除についても定められています。契約の解除は、フリーランスにとって生活に直結する非常に重要なポイントです。今回、フリーランス法にて新たに決められた内容をしっかりと確認しておきましょう。

発注事業者による契約解除等の事前予告義務

契約が突然解除されても困らないための制度を解説します。

1 フリーランスとの業務委託解除をする場合

　発注事業者とフリーランスとの契約は、有限であることが通常で、契約が解除になることもよくあります。しかしながら、その契約が突然解除されてしまっては、フリーランスはキャッシュフローに問題が生じてしまい、困ってしまいます。そこで発注事業者は、契約している業務委託を解除もしくは更新をしない場合、一部の例外を除いて、解除日または契約満了日から30日前までにその旨をフリーランスに予告しなければなりません。この義務は、フリーランスが次の案件を探し、その取引に円滑に移行できるように定められたものです。

2 5つの例外事項

　事前予告には例外もあります。以下の5つの例外事由に該当する場合で、事前予告の義務はありません。

① 災害などのやむを得ない事由により事前予告が困難な場合
② フリーランスに再委託している場合で、上流の事業者の契約解除などにより直ちに契約解除をせざるを得ない場合
③ 基本契約に基づいて業務委託を行う場合又は契約の更新により継続して業務委託を行うこととなる場合で、業務委託の期間が30日以下など短期間のものである場合
④ フリーランスの責めに帰すべき事由がある場合で、直ちに契約の解除が必要である場合
⑤ 基本契約がある場合で、フリーランスの事情で相当な期間、個別契約が締結されていない場合

3 解除予告手当について

労働基準法では、従業員に対して解雇日の30日以上前に予告しなければ、従業員に対して解雇時に**解雇予告手当**を支払う必要がありますが、フリーランスに対しての解除予告手当はありません。

FIGURE 45　事前予告が必要なケースと不要なケース

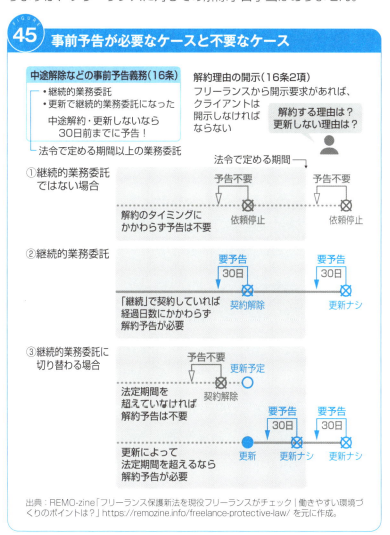

出典：REMO-zine「フリーランス保護新法を現役フリーランスがチェック｜働きやすい環境づくりのポイントは？」https://remozine.info/freelance-protective-law/ を元に作成。

事前予告対象は「発注事業者の一方的な解除・不更新」の場合のみ

ここでは、発注事業者からの一方的な契約の解除や不更新があった場合について解説します。フリーランスはどのように対処したらよいのでしょうか?

1 「契約の解除」とは

ここでいう「**契約の解除**」とは、発注事業者からの一方的な契約の解除のみを指します。ですので、フリーランスから解除の申出があった場合は、この規定に含まれません。また、発注事業者とフリーランスとの合意があった場合も対象外です。

発注事業者とフリーランスとの契約において、「一定の事由がある場合に事前予告なく解除できる」という取り決めがあったとしても、事前の予告は必要です。

2 「契約の不更新」とは

「**契約の不更新**」とは、発注事業者がフリーランスとの契約を不更新しようとする意思を持って、契約満了日から起算して1ヶ月以内に次回の契約を締結しない場合を指します。

3 基本契約を結んでいる場合

個別の業務委託契約とは別に**基本契約**を結んでいる場合を見てみましょう。基本契約は、業務委託における基本的な事項についての契約を指し、これも継続的業務委託契約に該当する場合には、業務委託契約の一部をなしているといえます。よって、個別の業務委託契約と基本契約、両方の中途解除などの予告が必要です。

46 契約の解除または不更新に該当する例・該当しない例

該当する例
- 切れ目なく契約の更新がなされているまたはなされることが想定される場合であって、当該契約を更新しない場合
- 断続的な業務委託契約であって、発注事業者がフリーランスとの取引を停止するなど次の契約申込みを行わない場合

該当しない例
- 業務委託契約の性質上一回限りであることが明らかである場合
- 断続的な業務委託契約であって、発注事業者が次の契約申込みを行うことができるかが明らかではない場合

「契約の不更新」には該当しませんが、次の契約申込みを行わないことが明らかになった時点でその旨を伝達することが望ましいです。

出典：https://www.mhlw.go.jp/content/001278830.pdf

47 契約パターンごとの事前予告義務の有無

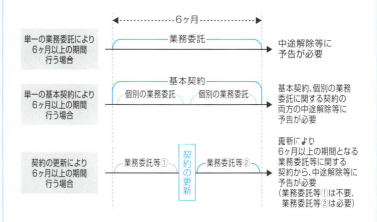

出典：厚生労働省「特定受託事業者に係る取引の適正化等に関する法律（フリーランス法）について」 https://www.chusho.meti.go.jp/keiei/torihiki/download/freelance/law_02.pdf

発注事業者による契約解除の理由開示義務

発注事業者は、契約解除に際して、その理由をフリーランスに開示する必要があります。契約解除に当たって重要な箇所なので、しっかり把握しておきましょう。

1 契約解除の理由開示義務

6ヶ月以上の継続的業務委託の契約解除や契約の不更新を予告されたフリーランスが、解除の理由の開示を発注事業者に請求した場合、発注事業者は、例外事由を除いて遅滞なくフリーランスに開示する必要があります。

2 例外事由に当てはまる場合、理由開示の必要はない

基本的に解除理由開示請求をされた発注事業者は、フリーランスに対して遅滞なく解除理由を開示しなくてはなりません。しかし、次の例外事由である場合は、契約解除の**理由開示**を行う必要はありません。

> ① 第三者の利益を害するおそれがある場合
>   例：顧客からのクレームが原因で解約したことを告げた場合に、理由を開示すると顧客への報復の可能性がある場合。
> ② 他の法令に違反することとなる場合
>   例：法令上、守秘義務が課されている事業などを行っている発注事業者が、解除の理由を開示することで法律違反となる場合。

また、契約解除の理由が事前予告の例外事由に当てはまっている場合は、そもそも事前予告が不要なので、理由開示義務もありません。

3 理由開示の方法

　発注事業者からフリーランスへの理由開示は、以下のいずれかの方法で行う必要があります。

・書面の交付
・ファクシミリ
・電子メール等（フリーランスが記録を紙により出力できるもの）

　また、SNSのダイレクトメッセージなどで理由開示をすることも可能ですが、情報の保存期間が一定期間に限られている場合がある場合があるので、注意が必要です。その場合、発注事業者からフリーランスへファイルをダウンロードしておくなど、情報の保存をするように伝えることがトラブル防止に繋がります。

FIGURE 48 発注事業者が契約解除をする理由の例

①	スキル不足	フリーランスは、その分野のプロフェッショナルとして、発注事業者の要望に応えられなければなりません。
②	コミュニケーション不足	発注事業者との認識の相違があったり、事実と異なる認識があると、双方で誤解が生まれやすくなるので、綿密なコミュニケーションが必要です。
③	コストパフォーマンスの低さ	支払う報酬に対して仕事の質が低いと、他のフリーランスに乗り換えられる可能性があります。
④	協調性のなさ	フリーランスは自由度が高いとはいえ、発注事業者のメンバーとチームで動くこともあるので、協調性は必要です。
⑤	案件の完了	フリーランスが携わっていた案件が完了し、やむを得ず解除をすることもあります。

125

フリーランスによる契約解除の規定

ここでは、フリーランスによる契約解除について、解説していきたいと思います。契約解除は可能かどうか？ どんな場合に可能なのか？ 詳しく説明します。

1 フリーランスによる契約解除についての規定はない

ここまで、発注事業者による**契約解除**の規定について見てきましたが、**フリーランス都合での契約解除**は、どのように定められているでしょうか。実はフリーランス法では、フリーランスによる契約解除の取り決めについては明記されていません。フリーランス法はあくまで、発注事業者都合での契約解除についてにのみ定められています。

2 フリーランス都合の契約解除は可能かどうか

それでは、フリーランス都合での契約解除は可能なのでしょうか。結論から言うと、フリーランス都合での契約解除は「可能」です。過剰な案件数を抱えたことによって体調不良になってしまった場合や、過密スケジュールによって余裕がなくなってしまった場合は、フリーランス側から契約解除を申し出ることが可能です。

ただし、発注事業者との契約条件などの内容によって実際に契約解除をすることが現実的かどうかは異なりますし、なにより案件に携わるメンバーにも影響が出ることも多いので、発注事業者とのコミュニケーションは十分かつ綿密に取る必要があります。

3 フリーランスの契約形態と解除の可否

フリーランスの契約形態によって、フリーランス都合での契約解除の可否が異なります。通常は、以下のようになります。

> **請負契約** ：基本的にフリーランス都合での契約解除は不可
> **委任・準委任契約**：いつでも契約解除可能

まず、**請負契約**は、フリーランスが業務を完遂することを前提とした契約形態です。ですので、原則的にフリーランス都合での契約解除はできません。ただし、発注事業者とフリーランスの間での合意があった場合や、やむを得ない場合は、契約解除が認められることもあります。

それに対して**委任・準委任契約**は、成果物ではなく、フリーランスの稼働に対して報酬が支払われる契約形態です。こちらは請負契約とは異なり、フリーランス都合での契約解除が可能です。ただし、解除ができたとしても、発注事業者に対してフリーランスが損害を賠償しなければならない場合がありますので注意が必要です。

FIGURE 49 フリーランスが契約解除をする理由の例

①	報酬や条件の良い他案件を見つけた	フリーランスにとって報酬額は非常に重要なので、他からより良いオファーがあった場合は、そちらに流れる可能性があります。
②	コミュニケーション不足	発注事業者からの連絡や指示が不十分で、フリーランスからの信頼が得られない場合は契約解除のリスクがあります。
③	労働環境の問題	発注事業者は、人間関係などを含め、職場環境がフリーランスにとって不適切で精神的・肉体的に負担が大きくなることを防止する必要があります。
④	プロジェクトが合わない	スキルセットの問題などで、プロジェクトの相性が合わないケースもあるので、募集段階で認識齟齬を起こさないようにする必要があります。
⑤	健康上の理由	本人に継続意思があっても、体調不良や怪我などで、やむを得ず解除をしなくてはならない場合もあります。

フリーランスによる契約解除を行う方法

フリーランスの都合で、契約解除を行う場合、どんな手順を踏めばよいのでしょうか？ 詳しく解説していきましょう。

1 フリーランス都合での契約解除を行う手順

フリーランス都合での契約解除を行う手順を見ていきましょう。以下のステップを踏むことで契約解除ができます。

① 業務委託契約書の内容を確認する
② 発注事業者に契約解除の意思を伝えて協議する
③ 発注事業者との合意後、契約解除合意書を交わす

まずは、契約時に交わした業務委託契約書の内容を確認しておきましょう。契約形態が請負契約なのか、委任・準委任契約なのかによっても契約解除がスムーズに行えるかどうかが変わります。契約書の記載内容を確認し、申し出る前に発注事業者と認識相違の無い状態にしておきましょう。

その後、発注事業者に契約解除の申出をします。この時、契約解除に相当する正当な理由を伝えることが重要です。正当な理由と認められない場合は、発注事業者とトラブルになったり、違約金の支払いをしなくてはならなくなったりする可能性もあるので、注意が必要です。

発注事業者からの合意を得たら、契約解除のために「**契約解除合意書**」を交わします。これは、後のトラブル回避のためにも非常に重要な書類なので、しっかり合意内容が明記されているかを確認し、双方で保存をしておきましょう。

2 契約書に「中途解約条項」を設置するのがおすすめ

契約内容や発注事業者によっては、契約解除が難航する場合があるかもしれません。特に、運用保守やメンテナンスなど、長期にわたって継続する案件の契約は、フリーランス都合での契約解除が困難です。

とは言っても、契約途中で今の案件よりも報酬の高い案件が見つかったり、さらに条件の良い案件に出会うこともあると思います。そのような場面に備えて、業務委託契約書には**中途解約条項**を記載しておくことをおすすめします。

「一定の予告期間を設けて相手方に通知をすれば、違約金等の支払いなく契約を解除できる」という旨を契約書に記載することで、違約金を支払うことなく契約を解除することができます。ただし、簡単に契約解除できてしまっては互いに不利益がある場合も多いので、解除には相当な事由が必要である旨を追加しておく必要があります。

3 業務委託の契約解除予告をされた場合

フリーランスが契約を解除されるということは、職を失うということになります。しかし、案件は基本的には有限なもので、永久に続くものは、ほとんどないと思います。とは言っても、契約の解除を告げられれば不安もあることでしょう。そのような時にはどのような行動をすれば良いのでしょうか。例えば、以下のようなアクションを取ることが可能です。

●今回のプロジェクトの振り返り

まずは、自分が今回のプロジェクトにおいてどのようなバリューを発揮できたのか、クライアントにとって必要不可欠な立ち位置を確立できたか、失敗した点は無かったかを洗い出し、振り返りましょう。反省をすることによって、次のプロジェクトに活かすことができます。

●新たなクライアントの獲得

フリーランス法により、フリーランスは予告期間を利用して新しいクライアントへのアプローチや提案を行うことができます。契約の解除まで最低でも30日の猶予があるので、その間に次のプロジェクトを探しましょう。

●スキルの向上

次のプロジェクトに向けて必要なスキルを学んだり、資格を取得したりするのも良いでしょう。新たなスキルを得られれば、これまでよりも報酬が増えるなどのステップアップができたり、別ジャンルのプロジェクトを任せてもらうこともできるかもしれません。

●経済的な計画

受け取る報酬の停止を見越して、経済的な計画を立てましょう。これを行っておくことで、資金繰りによる無駄なストレスを軽減します。

●リフレッシュ期間を設ける

個人的におすすめしたいのが、次回のプロジェクトをスタートさせる前に旅行に行くなどのリフレッシュ期間を設けることです。この期間を設けることで、仕事を頑張る期間とのメリハリをつけることができます。

契約解除予告があった際には、過剰に悲観的にならずに休暇が得られるくらいの心構えでいることが良いでしょう。長い休みを取りやすく、自由に働けることがフリーランス最大のメリットです。

中途解約条項の例

業務委託契約書

○○（以下「委託者」という。）と○○（以下「受託者」という。）とは、以下の通り、業務委託契約（以下「本契約」という。）を締結する。

＜中略＞

中途解約条項

第●条（中途解約）
1. 本契約の当事者は、相手方に対して1か月前までに書面で予告することにより、本契約を中途解約できるものとする。ただし、本契約締結日から6か月が経過するまでは、本項に基づく中途解約はできないものとする。
2. 前項に基づく中途解約が行われる場合、当該中途解約を行った当事者は、相手方に対して違約金として〇万円を支払うものとする。なお、振込手数料等の当該支払いに係る費用は、当該中途解約を行った当事者の負担とする。
3. 委託者が第1項に基づく中途解約を行った場合、当該中途解約の日が属する月に係る業務委託報酬は、その全額が発生するものとする。
4. 受託者が第1項に基づく中途解約を行った場合、当該中途解約の日が属する月に係る業務委託報酬は発生しないものとする。ただし、当該中途解約により、本契約が月末日をもって終了する場合に限り、当該月に係る業務委託報酬は、その全額が発生するものとする。

＜以下略＞

出典：https://keiyaku-watch.jp/media/keiyakuruikei/chutokaiyakujyoukou/#中途解約とは　を元に作成

MEMO

フリーランス法事例集

 ここまでの内容でフリーランス法の全体像を把握することができたかと思います。ここでは、フリーランス法における違反行為の具体的な事例を見ていきます。

フリーランス・トラブルの実情

ここでは、フリーランスと発注者をめぐるトラブルの実情について触れていきましょう。

1 取引先とのトラブルで最も多いのは「不明瞭な契約」

フリーランスは、発注事業者とのトラブルが起きやすいのが実情です。はじめに、取引先とのトラブルの内容を見てみましょう。内閣官房日本経済再生総合事務局「令和4年度フリーランス実態調査」によると、トラブルを経験したことのあるフリーランスのうち、約4割が「発注時に報酬や業務内容が明示されなかった」と答えています。また、約3割は報酬の**支払い遅延**のトラブルを経験しています。

2 泣き寝入りするケースも多い

次に、トラブルが生じたときの対処方法を見てみると、「取引先と交渉した」という人が約半数を占める一方、約2割が「交渉せずに受け入れた」、1割が「交渉せずに取引を中止した」と、泣き寝入りするケースも少なくありません。

3 今後の関係性を懸念して泣き寝入りする

さらに、取引先と交渉せずに受け入れた人がトラブルを受け入れた理由を調べてみると、「今後の活動に大きな支障を来すため」と考えている人も一定数いることがわかります。発注事業者による理不尽な行為であっても、今後の関係性のために声を上げられないという状態にあるフリーランスも多くいるというのが実情です。

51 トラブルの実情

▼取引先とのトラブルの内容

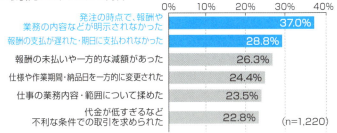

(注)「これまでに、取引先(発注事業者)との間で、以下のような経験はありますか。」(複数回答可)という設問への回答のうち上位6項目を集計。

▼トラブルが生じたときの対処方法

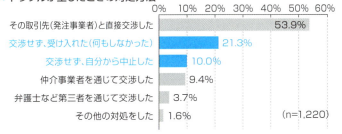

(注)「取引先(発注事業者)との間で経験したトラブルについて、どのように対処しましたか。対処法として最も多かったケースを教えてください。」(単一回答)という設問への回答を集計。

▼トラブルを受け入れた理由

(注)「取引先(発注事業者)との間でトラブルになったにもかかわらず、不利益を受け入れた理由について教えてください。」(複数回答可)という設問への回答を集計。

出典:内閣官房日本経済再生総合事務局「令和4年度フリーランス実態調査」 https://www.cas.go.jp/jp/seisaku/atarashii_sihonsyugi/freelance/dai1/siryou13.pdf

報酬未払いの事例

ここでは、発注者から、報酬の未払いがあった場合、どのように対処すればよいかを事例を挙げながらご説明いたします。

1 事案

フリーランスエンジニアとして、ある企業のシステム開発プロジェクトに参加した。このプロジェクトは、複数の外部業者と協力しながら進められており、二次請負業者からの委託を受けて開発作業を行っていた。

報酬は、**二次請負業者**（自分から見た発注事業者）が発行する契約書に基づき、1日の日当が明記されており、毎月月末に稼働日数に応じた請求書を送付し、報酬を受け取っていた。最初の4ヶ月は、請求書通りに報酬が支払われていたが、5ヶ月目からは請求書を送っても報酬が支払われなくなってしまった。

発注事業者に問い合わせたところ、「一次請負業者からの支払いが遅れているため、支払いができない」と言われてしまった。プロジェクトは6ヶ月目以降も続いており、作業を続ける中で、未払いの報酬が約60万円にも達していた。

2 解決策

一次請負業者からの支払いがないことは、二次請負業者が報酬を支払わない正当な理由にはなりません。日当が契約書に明記されており、最初の4ヶ月はその契約に基づいて請求した金額通りに報酬が支払われていることから、5ヶ月目以降も同様に、その月の稼働日数に応じた金額を請求することができます。

ただし、請求を行っても報酬を支払ってもらえない可能性もあります。その場合には「これ以上、このプロジェクトに関与することはできません」と明確に伝える必要があります。それでもなお、報酬が支払われない場合、少額訴訟等を利用する手もあります。少額訴訟は、60万円以下の金銭の支払いを求める場合に限り、1回の期日で審理を終えて判決が下される特別な訴訟手続きです。

3 ポイント

最初の4ヶ月間に支払われた契約書や請求書に加え、未払いとなっている月の稼働日数を示す証拠を用意して、未払いの報酬金額を請求することが重要です。このような事態に備え、報酬額を証明する契約書などの書面を保管しておくことが必要です。

報酬の未払いはフリーランスにとって深刻な問題です。

画像：PHOTO AC

報酬減額の事例

発注者に、報酬の減額を要求された場合、フリーランスはどのように対処すればよいのでしょうか？ 事例を挙げてご説明します。

1 事案

　フリーランスの映像クリエイターとして、ある企業からプロモーション動画の制作を依頼された。事前に十分な打ち合わせを行い、動画のコンセプトや構成について合意した後、報酬として20万円を提示した。会社の担当者からも了承を得たため、制作を開始した。

　撮影当日は、企業のスタッフや商品のデモを行う関係者が参加し、順調に撮影が進んだ。数日後、完成したプロモーション動画を納品し、担当者に確認してもらったところ、「この出来では10万円しか支払えない」と言われてしまった。

2 解決策

　報酬額を20万円として双方で合意しており、動画のコンセプトや構成についても打ち合わせを行い、動画を作成して納品しているので、10万円の減額を受け入れなければいけないわけではありません。

　基本的に発注事業者による一方的な報酬の減額は禁止されていますが、フリーランス側に不備がある場合は、その限りではないため、プロモーション動画の撮り直しを行うかどうかを含めて、粘り強く交渉することが必要です。

3 ポイント

　発注事業者との合意は、金銭面だけではなく、プロモーション動画の内容を具体的にイメージできる形にして互いに握っておくことが重要です。最終成果物のイメージに齟齬がないように、入念な打ち合わせを行い、打ち合わせ内容を記録しておくことも重要です。

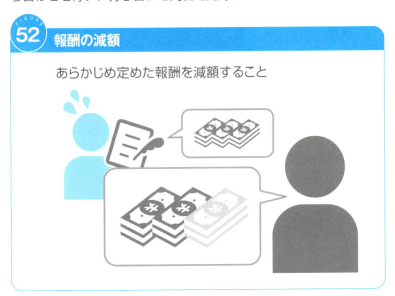

FIGURE 52　報酬の減額

あらかじめ定めた報酬を減額すること

最終成果物のイメージについて
事前にしっかり
共有しておくとよいでしょう。

成果物の受領拒否の事例

発注者に成果物の受領拒否をされた場合、フリーランスとしては、どのように対応したらよいのでしょうか？ 事例を挙げながら詳しく解説します。

1 事案

　フリーランスのエンジニアとして、ある企業からECサイトの制作を依頼された。事前にサイトのイメージや使用する素材、サイトに組み入れる機能などについての打ち合わせを行ったのち、各機能の実装にかかる金額を詳細に記載した見積書を送付し、270万円の報酬で合意を得た。

　ECサイトの制作は期日通りに順調に進み、残りの作業は発注事業者からの素材提供を受けて配置するだけだったので、素材を送ってもらうように促していたが、忙しいことを理由になかなか提供してくれなかったために、納品が遅れた。しかし、「納品が遅いので受領できない、発注を取りやめる」と一方的に言われてしまい、報酬を支払ってもらえなかった。

　発注事業者には期日通りに仕事をしたことを伝えたものの、一切聞く耳を持ってもらえなかった。

2 解決策

　発注事業者の一方的な都合による受領拒否は、フリーランスに責めに帰すべき理由がない限り、法律違反となります。今回の場合、フリーランスは期日通りに仕事を行っているので、発注事業者の一方的な受領拒否とみなされます。また、270万円は大きい額ですので、少額訴訟による請求を行うことはできません。弁護士に相談してみてもよいでしょう。

3 ポイント

　一度フリーランスに発注した業務は、発注事業者の勝手な都合によって一方的に取り消すことはできません。しかし、いざトラブルが起こってしまうと、その後の手続きにも労力がかかってしまいます。ですので、このような事態が起こってしまった際に、なるべくスムーズに進められるよう、あらかじめ契約書を交わしておくほか、会議によって決まった内容や発注事業者とのやり取りなど、記録をし、保存しておくことが望ましいでしょう。

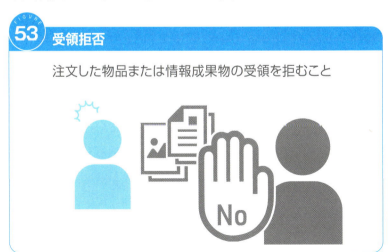

FIGURE 53　受領拒否

注文した物品または情報成果物の受領を拒むこと

成果物のやり直し要請の事例

発注者から成果物に対して、やり直しを要求された場合、フリーランスは、どのように対応したらよいのでしょうか？ 事例を挙げて詳しく解説します。

1 事案

フリーランスの写真家として、あるファッションブランドから新しいコレクション用の撮影を依頼された。発注事業者と詳細な打ち合わせを行い、コレクションに合ったスタイルや撮影コンセプトを提出し、それに対して発注事業者から了承を得られたので、その通りに撮影をした。ところが業務を始めると、撮影が終了した後になってから、出来上がりの写真に対してコンセプトが異なると言われ、撮影のやり直しを求められた。

その次の撮影において、同様の事象が発生しないように発注事業者に撮影コンセプトを事前に入念に確認したり、試し撮りを提出して確認してもらうなどをしたりして対策をしたが、それでも完成後に撮り直しを要求された。

2 解決策

求められた成果物を納品した後に、正当な理由がなくやり直しを求める行為といえます。フリーランスが発注事業者との今後の取引への影響を懸念して、やり直しを受け入れざるを得ない状況である場合は、優越的地位の濫用として独占禁止法に抵触する可能性もあります。今回のケースの場合、フリーランスは、やり直しが発生しないように事前のコンセプト確認や試し撮りを行って作業を進めて

いるので、納品後にやり直しを求めることは正当な理由があるとはいえません。撮影のやり直しによって追加で発生した作業は、報酬を請求することができるといえます。その請求に発注事業者が応じない場合は、今後の案件については、やり直しの要請を断っても問題ありません。

3 ポイント

不当なやり直しを未然に防ぐためにも、業務委託契約書の締結時点や業務を開始する前に、可能な限り具体的に作業の内容を書面にて取りまとめ、発注事業者の了解を明示的に示した書面を保存しておくと良いでしょう。

それでも発注事業者からのやり直しを求められる場合、法律に抵触する可能性があるので、こちらを指摘した上で追加費用の請求や、やり直しの拒否をしましょう。

FIGURE 54 不当な給付内容の変更・やり直し

費用を負担せずに注文内容を変更し、または受領後にやり直しをさせること

発注事業者による一方的な契約変更の事例

発注事業者による一方的な変更を要求された場合、フリーランスはどのように対応したらよいでしょうか？ 事例を挙げてご説明いたします。

1 事案

フリーランスの英会話講師として働いており、英会話教室との契約を毎年更新している。これまでの更新は自動的に行われていたが、今回の**契約更新**の際に、これまでは支払われていた教材費の支払いが行われないことが、更新直前に英会話教室側から一方的に通知された。また、これらの変更において「他の講師は受け入れている。受け入れないのであれば契約を更新しない」と言われてしまった。

2 解決策

まずは、**業務委託契約書**の内容を確認しましょう。「更新直前に契約変更を伝えられた」ということですが、契約更新条項は多くの場合、更新の一定期間前までに特段の異議がなければ変更が無い状態での更新とする旨の記載があります。その期限が遵守されているかを確認する必要があります。

また、発注事業者の一方的な契約変更はフリーランス法によって禁止されているので、その旨を英会話教室側に伝えた上で、これまで通り教材費を負担してもらえるように求めると良いでしょう。

3 ポイント

　多くの場合は、業務委託契約書に契約の更新について書かれていますので、まずは、それを確認しましょう。契約変更がある場合は、その条項に則った形でなくてはなりません。

　また契約内容の変更に関して双方の合意がなく、フリーランスにとって不利な条件になっており、それに合意しない場合に契約更新しないというのは、**不公正取引**と認められます。

画像：PHOTO AC

Column フリーランス法の認知度

　ここで、フリーランス法の認知度について見てみましょう。公正取引委員会、厚生労働省が令和6年10月18日に発表した「フリーランス取引の状況についての実態調査（法施行前の状況調査）結果」によると、令和6年5月27日から6月19日の期間でのフリーランス法の認知度は、委託者側で45.5%、フリーランス側では23.7%でした。さらに業種別で見てみると、委託者側では「建設業」19.8%、「医療、福祉」22.6%、「農業、林業」30.3%。フリーランス側では「医療、福祉」3.4%、「建設業」9.1%、「学術研究、専門・技術サービス業」19.4%と極端に認知度が低いことがわかりました。

　特に、フリーランス側の認知度が低い点が目立ちます。せっかく新しい法律が施行されても、保護されるべき本人が知らないのであれば、保護を受けられません。
　その点、本書を読んでいるみなさんは、本書を手にしている時点で、フリーランス法をよく知っている貴重な存在です。
　今、みなさんが本書を読んでいる時には、このデータよりもさらに認知度は上がっているはずですが、周りにフリーランス仲間がいれば、ぜひフリーランス法のことを教えてあげてください。

出典：公正取引委員会、厚生労働省「フリーランス取引の状況についての実態調査（法施行前の状況調査）結果」 https://www.jftc.go.jp/houdou/pressrelease/2024/oct/241018_freelance2.pdf

CHAPTER 8

フリーランス・トラブルの解決手続

フリーランスとして活動していく上で、発注事業者とのトラブルはつきものです。もちろん、円滑な業務遂行ができることが理想的ではありますが、実際にトラブルに直面した時には、どのような対応をすればよいのでしょうか。

行政機関への申出

発注事業者に法律違反行為があった場合、フリーランスはどのような対処をすればよいのでしょうか？

1 フリーランスは法律違反行為を申出できる

フリーランス法によって、フリーランスが告発できるシステムが整っています。発注事業者が法律に違反する事実がある場合、フリーランスは本法の所管省庁である**公正取引委員会**、**中小企業庁**、**厚生労働省**に対して、その旨を申し出ることが可能です。また、フリーランスが各省庁の窓口に申出をした際に、発注事業者はそれを理由にフリーランスに対して不利益になる取扱いをしてはいけません。

2 行政機関による対応

法所管省庁は、フリーランスからの申出の内容に応じて、以下に挙げられる必要な調査を行います。

- 事情聴取
- 報告徴収
- 立入検査

これらの調査を行った結果、発注事業者の行為に問題がある場合は、法律の規定に則り、発注事業者に対して指導や助言、さらには勧告を行います。もし発注事業者がその勧告に従わない場合には、命令や公表をすることもできるため、とても重い措置となっています。また、発注事業者が命令違反をした場合は、50万円以下の罰金が科せられます。

3 フリーランスが法律違反行為を申出する方法

　フリーランスが発注事業者の法律違反行為を行政機関に申出をしたい場合には、オンラインで申請する方法に加え、各行政機関に直接来局して申請する方法があります。

FIGURE 55　行政機関に申出を行う場合の手順

本法に基づき行政機関へ申出を行う場合

本法の違反があった場合、オンラインなどで申出ができます。
※お近くの公正取引委員会（本局・地方事務局等）、経済産業局、都道府県労働局でも可能です。

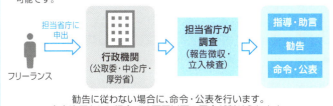

勧告に従わない場合に、命令・公表を行います。
命令違反をした場合、50万円以下の罰金が科せられます。

出典：内閣官房、公正取引委員会、中小企業庁、厚生労働省「ここからはじめるフリーランス・事業者間取引適正化等法」　https://www.mhlw.go.jp/content/001329767.pdf

FIGURE 56　各条項の管轄・申出先

＜申出先行政機関＞

【公正取引委員会・中小企業庁】
- 取引条件の明示義務（3条）
- 期日における報酬支払義務（4条）
- 受領拒否・報酬の減額等の行為の禁止（5条）
- 報復行為の禁止（6条3項）

【厚生労働省】
- 募集情報の的確表示義務（12条）
- 育児介護等と業務の両立に対する配慮義務（13条）
- ハラスメント対策に係る体制整備義務（14条）
- 中途解除等の事前予告・理由開示義務（16条）
- 報復行為の禁止（17条3項）

出典：内閣官房新しい資本主義実現本部事務局、公正取引委員会、中小企業庁、厚生労働省「特定受託事業者に係る取引の適正化等に関する法律（フリーランス・事業者間取引適正化等法）【令和6年11月1日施行】説明資料」　https://www.chusho.meti.go.jp/keiei/torihiki/download/freelance/law_02.pdf

フリーランス・トラブル110番

発注事業者との間でトラブルが発生したとき、どんなところに相談すればよいのでしょうか？ 問い合わせの流れを紹介します。

1 フリーランス専用の問い合わせ窓口を利用できる

　フリーランスは往々にして発注事業者よりも立場が弱くなってしまうことが多くありますが、どこに相談すればよいのかわからず、泣き寝入りしてしまうケースもあります。そこで、フリーランスが気軽に専門家に相談できるように「**フリーランス・トラブル110番**」という窓口が設けられています。

　フリーランス・トラブル110番は、厚生労働省の委託事業として第二東京弁護士会によって運営されているもので、フリーランスと発注事業者との取引上のトラブルなどについて、フリーランスが弁護士にワンストップで相談できる窓口です。フリーランスが直面している問題についてのアドバイスを受けることができます。これは、発注事業者の行為が法律違反なのかどうか、よくわかっていないという場合でも相談できるため、気軽に利用することが可能です。

2 フリーランス・トラブル110番でやってくれること

　フリーランス・トラブル110番に相談をした後は、相談者の希望によって「自らで交渉」「和解あっせん」「適切な機関の紹介」など、複数の解決方法を提示してくれます。また、必要に応じて「申出書の書き方」や「論点の整理」など、各行政機関への申出の支援も行ってくれますが、「申出書の作成代行」や「提出代行」はできないため、こちらは自分で行う必要があります。

発注者がフリーランスや消費者であるなどの特定業務委託事業者に当たらない場合や、相談の内容がフリーランスからの契約解除、発注事業者からの損害賠償請求などの、相談内容が本法に定めのない事項である場合でも幅広い相談が可能です。

　なお、フリーランス・トラブル110番の利用は無料です。

フリーランス・トラブル110番の特長

- 弁護士に相談できる ‥‥ フリーランスに関する法律問題に詳しい弁護士に対応してもらえる
- 相談料が無料 ‥‥‥‥‥ 料金がかからない
- 秘密厳守 ‥‥‥‥‥‥‥ 秘密で相談でき、発注者への連絡も行われない
- 電話やメールで相談可能‥ 時間や場所を気にせず相談でき、匿名でも可
- 対面やオンライン相談も可‥ 関連資料を提出すれば、それを見ながら解決策を提案してもらえる
- 和解あっせんの依頼も可‥ 和解あっせん人（弁護士）による利害関係の調整や解決案の提示をしてもらえる（利用料無料）

▼相談の流れ

出典：フリーランス・トラブル110番　https://freelance110.mhlw.go.jp/

和解あっせん手続き

トラブルが発生した場合、「和解あっせん人」と呼ばれる弁護士が調整役を担います。詳しく解説していきましょう。

1 フリーランス・トラブル110番の和解あっせん

和解あっせんとは、10年以上の経験豊富な弁護士の中から選ばれた「**和解あっせん人**」と呼ばれる弁護士が、フリーランスと発注事業者それぞれの主張を聞いて、利害関係の調整や、解決案の提示で、和解による紛争解決を目指す手続きのことです。基本的には、当事者同士が納得のいくまで解決策を話し合うという方法を取ります。裁判よりも、申し立てを行うのが簡単で、解決までの期間が短く、審理が非公開であるため、気軽に利用することができます。

2 和解あっせんに必要な費用

フリーランス・トラブル110番は無料で利用することができますが、和解あっせん手続きを利用した場合でも費用は無料なので、費用の心配をする必要はありません。

3 和解あっせんの特徴

和解あっせん以外の解決方法で挙げられるのは、**民事調停**や**裁判**ですが、これらと比較して異なる点は、管轄がなくWeb会議システムでの話し合いに対応しているので場所や時間が任意であるため融通が利きやすいということなどが挙げられます。和解あっせんはフリーランスに向いている方法といえるでしょう。非公開で行われるため、プライバシーが守られるというのも特徴です。

58 和解あっせんの流れ

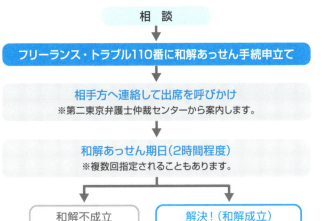

相　談
↓
フリーランス・トラブル110番に和解あっせん手続申立て
↓
相手方へ連絡して出席を呼びかけ
※第二東京弁護士仲裁センターから案内します。
↓
和解あっせん期日（2時間程度）
※複数回指定されることもあります。
↓
和解不成立 ／ 解決！（和解成立）

出典：フリーランス・トラブル110番　https://freelance110.mhlw.go.jp/reconciliation/

59 民事調停・裁判との違い

	和解あっせん	民事調停	裁判
担当	弁護士が担当	弁護士に限らない	裁判官が担当
時間や場所	任意の場所／任意の時間　必要に応じ、休日や夜間、Web会議などで行うことも可能	裁判所が指定した日時／場所　基本的には平日夕方17時まで	裁判所が指定した日時／場所
公開か非公開か	非公開	非公開	公開

出典：フリーランス・トラブル110番　https://freelance110.mhlw.go.jp/reconciliation/

法的手段の利用

話し合いでトラブルが解決しない場合は、法的手段を利用する手もあります。ここでは、2つの法的手段を紹介します。

1 2つの法的手段

話し合いでトラブルが解決しない場合、または発注事業者が話し合いに応じてくれない場合、最終手段として「**法的手段**」を取ることが考えられます。法的手段にも様々な種類がありますが、今回ご紹介するのは「**支払督促**」と「**少額訴訟**」の2つです。ただし、この方法を取ると、今後の発注にも支障をきたす可能性もあるので、なるべく話し合い等で解決しない場合に利用しましょう。

2 申し立てに必要書類について

法的手段にて申し立てを行うには、それぞれ下記の書類が必要です。

支払督促には、申立書、申立手数料、相手方に書類を送るための郵便切手、登記事項証明書1通（当事者が法人の場合）が必要となります。提出先は、申立先を管轄する簡易裁判所の裁判所書記官です。

少額訴訟には、訴状、申立手数料、相手方に書類を送るための郵便切手、訴状副本（相手の人数分）、登記事項証明書1通（当事者が法人の場合）、親権者を証明する戸籍謄本1通（当事者が未成年の場合）が必要となります。提出先は、訴えを起こす簡易裁判所です。

FIGURE 60 法的手段の種類と特徴

民事訴訟	少額訴訟	民事調停	支払催促
判決によって解決を図る手続	原則1回の審理で行う迅速な手続	話し合いで円満な解決を図る手続	書類審査のみで行う迅速な手続
裁判官が法廷で双方の言い分を聴いたり、証拠を調べたりして、最終的に判決によって紛争の解決を図ります。	60万円以下の金銭の支払いを求める場合に利用できる訴訟で、1回の審理で判決が言い渡されます。	裁判所の調停委員会のあっせんにより、話し合いによる解決を図るもので、調停で合意された内容は判決と同様の法的効力が生じます。	申立人の申立てに基づいて裁判所書記官が金銭の支払いを求める制度で、相手方からの異議の申立てがなければ判決と同様の法的効力が生じます。

FIGURE 61 簡易裁判所での法的手段の内訳

全簡易裁判所における種類別の民事事件新受件数※
（平成25年司法統計　民事・行政）

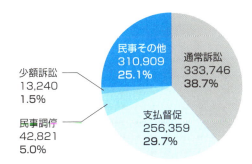

民事その他　310,909　25.1%
通常訴訟　333,746　38.7%
少額訴訟　13,240　1.5%
民事調停　42,821　5.0%
支払督促　256,359　29.7%

※新受件数：一定期間に裁判所が申立てなどを受け付けた件数

出典：政府広報オンライン「「お金を払ってもらえない」とお困りの方へ　簡易裁判所の「支払督促」手続をご存じですか？」 https://www.gov-online.go.jp/useful/article/201504/1.html

CHAPTER 8　フリーランス・トラブルの解決手続

法的手段①支払督促

1つ目の法的手段は「支払督促」です。ここでは、支払督促が有効なケースと特徴を確認してみましょう。

1 報酬未払いの場合は支払督促を利用

フリーランスのトラブルで多いのは報酬が遅れる、もしくは支払われないケースです。このような時には**支払督促**をすることができます。特徴としては下記の通りです。

- 金銭の支払い、または、有価証券もしくは代替品の引渡しを求める場合のみに利用可能。
- 相手の住所地を管轄する簡易裁判所の裁判所書記官に申し立てをする。
- 書類審査のみなので、訴訟の場合のように審理のために裁判所に来る必要はない。
- 手数料は、訴訟の場合の半額。
- 債務者が支払督促に対して異議を申し立てると、請求額に応じて、地方裁判所または簡易裁判所の民事訴訟の手続きに移行する。

債務者が支払督促を受け取ってから2週間以内に異議の申し立てを行わなければ、裁判所は債権者の申し立てによって支払督促に仮執行宣言を与えます。債権者はこれに基づいて強制執行を申し立てることが可能です。

報酬の支払いが滞っている場合などは、この支払督促を利用するのが有効的な手段といえます。

62 支払督促の流れ

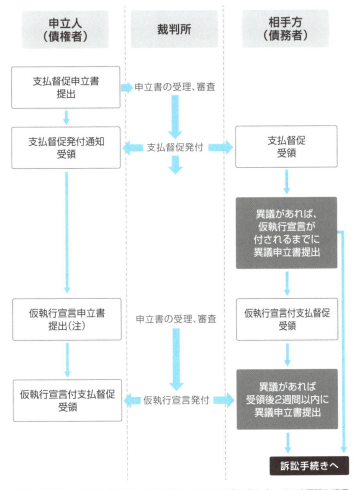

(注)申出期間は、相手方が支払督促を受け取ってから異議を申し立てずに2週間を経過した日から30日以内です。

出典：裁判所「支払督促」 https://www.courts.go.jp/saiban/syurui/syurui_minzi/minzi_04_02_13/index.html を元に作成。

法的手段②少額訴訟

2つ目の法的手段は「少額訴訟」です。ここでは、少額訴訟が有効なケースと特徴を確認してみましょう。

1 60万円以下の金銭を求める場合は少額訴訟

支払督促以外の簡便な裁判手続としては、**少額訴訟**を利用することもできます。少額訴訟の特徴は下記の通りです。

- 1回の期日で審理を終えて判決をすることを原則とする特別な訴訟手続き。
- 60万円以下の金銭の支払いを求める場合に限り、利用可能。
- 原告の言い分が認められる場合でも、分割払いや支払い猶予、遅延損害金免除の判決が下されることがある。
- 訴訟の途中で話し合いにより解決をすることも可能（和解）。
- 判決書または和解の内容が記載された和解調書に基づき、強制執行を申し立てることが可能。
- 少額訴訟判決に対する不服申し立ては、異議の申し立てに限られるため、控訴はできない。
- 年間での回数制限あり。

少額訴訟は、民事訴訟のうち、60万円以下の金銭の支払いを求める際に利用できる、原則1回の審理で紛争解決を図る手続きです。

即時解決を目指すため、証拠書類や証人は、審理の日にその場ですぐに調べることができるものに限られます。

基本的には、裁判官と共に**ラウンドテーブル**と呼ばれる丸いテーブルに着席する形式で、審理が進められます。

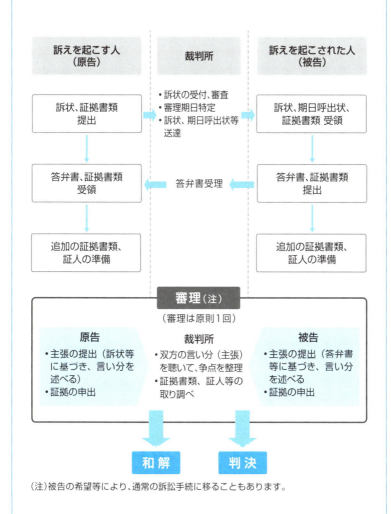

(注)被告の希望等により、通常の訴訟手続に移ることもあります。

出典：裁判所「少額訴訟」 https://www.courts.go.jp/saiban/syurui/syurui_minzi/minzi_04_02_02/index.html を元に作成。

Column
フリーランスに必要なスキル

　みなさんは、フリーランスとして持続的に働き続けるに当たって必要なスキルとは何だと思いますか？　プロフェッショナル＆パラレルキャリア　フリーランス協会「フリーランス白書2019」にてフリーランスと会社員に行った調査によると、「現在の働き方を続ける・成功させる上で重要だと思うもの」は、「社内調整力」や「社外の人脈」の2項目を除くすべての項目において、フリーランスの方が会社員よりも、重要だと思うと回答した人の割合が多いという結果が出ました。

　その中でも、特に割合が高かったのは「セルフブランディング」「成果に結びつく専門性・能力・経験」「やり遂げる力」などでした。

　フリーランスは独立して仕事を受け続けなくてはならない働き方であり、専門領域だけでなく、幅広いスキルが必要です。個人的にも、自分を魅力的に見せる能力や、目標達成に対しての貪欲さは非常に重要だと思っています。

　フリーランスとして働いている方は、仕事に対してのモチベーションも非常に高い方が多いと思います。フリーランスとして働く以上、現状に満足せず、あらゆるスキルを吸収して常に高みを目指していきたいものですね。

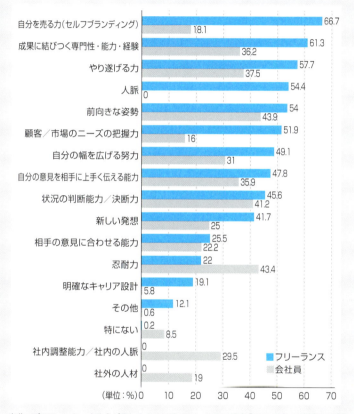

出典：プロフェッショナル＆パラレルキャリア フリーランス協会「フリーランス白書2019」
https://blog.freelance-jp.org/wp-content/uploads/2019/03/FreelanceSurvey2019_summary.pdf

付録

「発注事業者のためのあるあるチェック」と「契約書のひな型」を収録しています。

付録① 発注事業者のためのあるあるチェック

発注事業者としてフリーランス法が守られているかどうかをチェックしておきましょう。次に挙げるもののうち、1つでも当てはまる項目があれば法律違反の可能性があるので注意しましょう。

☑ **多くの応募を集めるため、実際の報酬額よりも高い額を提示してフリーランス募集をしたことがある。**

【解説】
発注事業者が特定業務委託事業者の場合、募集情報の的確表示義務があります。
広告などを用いて不特定多数に対する募集を行う際には、募集情報を適切に表示することが義務付けられており、虚偽の表示や応募者の誤解を招くような表現は厳禁です。

☑ **フリーランスとの信頼関係があったため、契約書を交わさず口頭のみで発注を行ったことがある。**

【解説】
フリーランスに発注するすべての発注事業者は、書面などによる取引条件の明示義務があります。
発注事業者は、フリーランスに対して業務を委託する際に「給付の内容」「報酬の額」「支払いの期日」「公正取引委員会規則が定める

その他の事項」といった情報を、書面または電磁的方法（電子メールや SNS など）を用いて、業務委託をした際に直ちにフリーランスに通知しなければなりません。

☑ **業務の状況が変わったため、契約解除日から30日以内の契約解除予告をしたことがある。**

【解説】

発注事業者が特定業務委託事業者の場合、6ヶ月以上の業務委託を解除する時や更新しない時は、中途解除等の事前予告義務があります。フリーランスとの業務委託解除をする場合は原則、解除日または契約満了日から30日前までにその旨をフリーランスに予告しなければなりません。

☑ **フリーランスから子育てと業務の両立に関する相談があったが、忙しかったので無視してしまったことがある。**

【解説】

発注事業者が特定業務委託事業者で、6ヶ月以上の業務委託をしている事業者の場合、育児介護等と業務の両立に対する配慮義務があります。

フリーランスの申出に応じて、フリーランスが妊娠・出産・育児や介護などと業務を両立できるように家庭の事情に配慮しなければなりません。

☑ **必要がなくなったので、フリーランスからの納品物を受領拒否してしまったことがある。**

【解説】

発注事業者が特定業務委託事業者で、1ヶ月以上の業務委託をして

APPENDIX

A

付録

いる事業者の場合、「受領拒否の禁止」に当たる可能性があります。フリーランスに対して発注の契約を行ったにもかかわらず、発注事業者の一方的な都合によりフリーランスの納品物を不当に受け取らないことは禁止されています。

☑ **セクシュアルハラスメントが原因で、フリーランスが辞めてしまったことがある。**

【解説】

発注事業者が特定業務委託事業者の場合、ハラスメント対策に関する体制整備義務があります。

フリーランスに対するハラスメント行為について、「ハラスメントを行ってはならない旨の方針の明確化」「相談や苦情に応じ、適切に対応するために必要な体制の整備」「ハラスメントへの迅速かつ適切な対応」の3つの措置を講じることが義務付けられています。

☑ **報酬の支払い期日を定めていなかったため、90日後に報酬を支払ったことがある。**

【解説】

発注事業者が特定業務委託事業者の場合、報酬支払い期日の設定・期日内の支払い義務があります。

フリーランスへの支払い期日は、原則60日以内に定め、一度決めた期日までに支払う必要があります。また、事前に支払い期日が定められていなかった場合は、フリーランスから成果物を受け取った日に、即日での支払いを完了させなくてはなりません。

付録②　契約書のひな型

業務委託契約書

2025年〇月〇日

委託者と受託者は、委託者が受託者に対し、業務を委託するにあたって、次のとおり業務委託契約（以下「本契約」という。）を締結する。

委託者	135-0016 東京都江東区東陽2-4-2 株式会社秀和システム 〇〇〇〇
受託者	〇〇〇-〇〇〇〇 東京都渋谷区〇〇 〇〇〇〇
契約期間	2025年〇月〇日～2025年〇月〇日
委託業務内容	委託者はBIツールを用いたダッシュボードの構築業務（以下「本業務」という）を受託者に委託し、受託者はこれを受託する。
委託料	契約の報酬は、金〇〇万円（税抜）とする。
支払方法	受託者は、本業務の委託料を委託期間満了の翌月〇日までに請求し、委託者は、受託者からの請求に基づき、請求書受領日の翌月末日までに受託者の指定する銀行口座に振り込む方法により支払うものとする。なお、振込手数料は委託者の負担とする。
検査	1. 委託者は、受託者から成果物の納入を受けたときは、納入日の翌日から起算して10営業日以内に内容について検査し、その合否の結果を受託者に通知しなければならない。 2. 前項の期限を過ぎても前項の通知が委託者から何らの通知がない場合、前項の検査に合格したものとみなす。
再委託	1. 受託者は、委託者の書面による事前承諾なしに、本業務の全部または一部を第三者に再委託することができない。 2. 受託者は前項の規定より第三者に再委託する場合においても、本契約に規定する受託者の義務を逃れない。また、受託者が委託者に対して負うものと同様の義務を再委託先に対しても遵守させる義務を負う。
守秘義務	委託者及び受託者は、相手方の書面による承諾なくして、本契約に関連して相手方から秘密であることを明示し、開示された情報を守秘し、第三者に対して開示、譲渡してはならない。
損害賠償責任	委託者及び受託者は、本契約に違反したことにより相手方に損害を与えたときは、その損害を賠償しなければならない。
契約解除	委託者および受託者は、相手方がその責に帰すべき事由により本契約上の義務を履行しない場合は、相手方に相当の期間を定めて催告を行い、催告期間が終了しても違反が是正されず、履行がないときは、本契約を解除できる。
管轄裁判	本契約に関する一切の紛争（裁判所の調停手続きを含む）は、東京地方裁判所を第一審の専属的合意管轄裁判所とする。
反社会的勢力の排除	委託者及び受託者は、自己及び本件委託業務に従事する者が、暴力団、暴力団員、暴力団員でなくなった時から5年を経過しない者、暴力団準構成員、暴力団関係企業、総会屋、社会運動等標榜ゴロ、その他これに準ずる者（以下「反社会勢力」という）のいずれにも該当しないことを表明し、かつ将来にわたっても該当しないことを保証する。
協議	本契約に定めのない事項、ならびに本契約の解釈について疑義が生じた場合には、民法をはじめとする法令などを踏まえ、当事者間で誠実に協議の上、解決するものとする。

おわりに

　本書では、2024年11月1日から施行されたフリーランス法について、企業とフリーランスとの関係がどのように変化するのか、様々な切り口から見ていきました。

　オンラインでの仕事が世の中に浸透し、働き方も多様になってきました。契約形態・勤務時間・勤務場所など、今までの常識では考えられなかったような自由度の高い選択ができるようになっています。

　しかしながら、日本では自由な働き方がまだまだ認められていないと感じています。日本の経済を客観的に見ていくと、スイスのビジネススクールIMDが発表した2023年の世界競争ランキングでは日本は35位と過去最低を更新、日本生産性本部による2022年の労働生産性（労働1時間あたりの生産性）は、アメリカやドイツ、フランスは80ドル台であるのに対して日本は52.3ドルと、先進国とされるG7の中では最下位が続いています。これは、「長く働けば働くほど偉い」「労働時間が長ければ生産性がなくても稼げる」という一昔前の概念が未だに浸透しているために起こっているものではないかと個人的には考えています。世の中全体として、時間ではなく質と効率で成果を上げていく「成果主義」にシフトしていくことも必要なのではないかと思います。

　そのためには柔軟な働き方がもっともっと世の中全体に認められていく必要があると思っています。

　オフィスに通わなくても、成果を上げることができる。労働時間が短くても、生産性を高められる。まさに我々のひとつひとつの仕事が

それを世に証明していくことに繋がります。

　なんだかネガティブな内容になってしまいましたが、せっかく「フリーランス」という題材で本を書いているので、フリーランスという働き方と関わりのあるみなさんには、そんな世の中を変える力があると思い、自分が日頃から思っていることを書き連ねてみました。

　もちろん、人生は仕事だけではありません。仕事は人生の一部でしかなく、仕事以外にも楽しいことがたくさんあります。私自身も、仕事を楽しむことはもちろん、海外に行ったり、美味しいものを食べたり、「趣味が人生」と言えるほど、とことんQOLの高い人生を謳歌しています！（私と個人的に付き合いがある方や、SNSをフォローしてくださっている方は、それをよく知っていると思います笑）
　そんなワークライフバランスのとれた人生の実現にも、今回のフリーランス法は極めて重要だと思っています。よく働き、よく遊ぶ。「Work Hard, Play Hard」の楽しさを、ぜひみなさんにも経験していただきたいです！

　最後になりますが、ここまで本書を読んでいただき、本当にありがとうございます！　またみなさんと人生のどこかでお会いできるのを楽しみにしております！

山入端 翔

索引

●あ行

アルコールハラスメント……………104
アルハラ……………………………104
育児介護等…………………………62,98
育児休暇……………………………98
一次請負業者………………………136
委任・準委任契約…………………127
違反行為……………………………21
請負契約……………………………127

●か行

介護休暇……………………………98
解雇予告手当………………………121
買いたたき…………………………55,84
買いたたきの禁止…………………83
家庭の事情…………………………63
環境型セクハラ……………………105,106
偽装フリーランス…………………32
基本契約……………………………122
キャッシュフロー…………………74
協賛金………………………………77
業務委託解除………………………120
業務委託契約書……………………144
業務委託事業者……………………26
業務委託の期間……………………34
口約束………………………………14
ケアハラ……………………………104
ケアハラスメント…………………104
経済上の利益………………………89
継続的業務委託……………………34,72
契約解除……………………………126
契約解除合意書……………………128
契約解除理由………………………68
契約更新……………………………144
契約内容……………………………14
契約の解除…………………………122

契約の不更新………………………122
公正取引委員会……………………20,148
厚生労働省…………………………148
厚生労働大臣………………………20
口頭以外での取引条件の明示……40
購入・利用強制……………………55
購入・利用強制の禁止……………86
個人事業主…………………………24
雇用契約……………………………28
雇用者………………………………28
懇親の場……………………………101
コンプライアンス体制……………21

●さ行

再委託………………………………47,51
債権譲渡担保方式…………………47
裁判…………………………………152
三条通知……………………………41
始期…………………………………34
事前予告……………………………120
下請法………………………………12,49
支払い期日…………………………43
支払い遅延…………………………134
支払督促……………………………154,156
終期…………………………………34
従業員………………………………28
受領拒否……………………………54,75
少額訴訟……………………………154,158
書面等による取引条件の明示……46
セクシュアルハラスメント………103,105
セクハラ……………………15,64,103,105

●た行

対価型セクハラ……………………105,106
中小企業……………………………16
中小企業庁…………………………20,148

中途解除などの事前予告と理由開示
・・・・・・・・・・・・・・・・・・・・・・・・・・・・・・・・67
中途解約条項 ・・・・・・・・・・・・・・・129
通常の対価 ・・・・・・・・・・・・・・・・・83
手形 ・・・・・・・・・・・・・・・・・・・・・・・47
適切な募集情報の提供 ・・・・・・・・・・・・57
電子記録債権 ・・・・・・・・・・・・・・・47
電磁的方法 ・・・・・・・・・・・・・・・・・42
電子マネー ・・・・・・・・・・・・・・・・・47
特定業務委託事業者 ・・・・・・・・・・・26
特定受託事業者 ・・・・・・・・・・・24,26

●な行
二次請負業者 ・・・・・・・・・・・・・・ 136
妊娠・出産・育児や介護などへの配慮
・・・・・・・・・・・・・・・・・・・・・・・・・・・・・・・62
値引き ・・・・・・・・・・・・・・・・・・・・77

●は行
パタニティハラスメント ・・・・・・・・103
パタハラ ・・・・・・・・・・・・・・・・・103
働き方改革 ・・・・・・・・・・・・・・・・・10
罰金 ・・・・・・・・・・・・・・・・・・・・・・20
罰則 ・・・・・・・・・・・・・・・・・・・・・・20
発注事業者 ・・・・・・・・・・・・・・26,29
ハラスメント ・・・・・・・・・・・・・・・103
ハラスメント対策 ・・・・・・・・・・14,64
ハラスメント対策義務 ・・・・・・・・・101
パワーハラスメント ・・・・・・・・103,110
パワハラ ・・・・・・・・・ 15,64,103,110
パワハラ防止法 ・・・・・・・・・・・・・101
ファクタリング方式 ・・・・・・・・・・・47
副業フリーランス ・・・・・・・・・・・・19
不公正取引 ・・・・・・・・・・・・・・・145
不当な給付内容の変更・やり直し ・・55
不当な給付内容の変更・やり直しの禁止
・・・・・・・・・・・・・・・・・・・・・・・・・・・・・・・91
不当な経済上の利益の提供要請 ・・・・55

不当な経済上の利益の提供要請の禁止
・・・・・・・・・・・・・・・・・・・・・・・・・・・・・・・88
不当に返品する ・・・・・・・・・・・・・80
不当なやり直し ・・・・・・・・・・・・・91
歩引き ・・・・・・・・・・・・・・・・・・・77
ブランド価値 ・・・・・・・・・・・・・・・17
フリーランス ・・・・・・・・・・・・・18,24
フリーランス・トラブル110番 ・・・150
フリーランス都合での契約解除
・・・・・・・・・・・・・・・・・・・・・・・ 126,128
フリーランスへの不当な行為の禁止
・・・・・・・・・・・・・・・・・・・・・・・・・・・・・・・54
フリーランス法 ・・・・・・・・・・・・・12
フレックスタイム ・・・・・・・・・・・・10
文書化 ・・・・・・・・・・・・・・・・・・・14
併存的債務引き受け方式 ・・・・・・・・47
返品 ・・・・・・・・・・・・・・・・・・・・・・55
返品が成立する条件 ・・・・・・・・・・・81
返品の禁止 ・・・・・・・・・・・・・・・・・80
報酬減額 ・・・・・・・・・・・・・・・・・・80
報酬減額の禁止 ・・・・・・・・・・・・・77
報酬支払期日の設定・期日内の支払い
・・・・・・・・・・・・・・・・・・・・・・・・・・・・・・・43
報酬の減額 ・・・・・・・・・・・・・・・・・54
報酬未払い ・・・・・・・・・・・・・・・・・14
法所管省庁 ・・・・・・・・・・・・・・・148
法的手段 ・・・・・・・・・・・・・・・・・154
募集情報 ・・・・・・・・・・・・・・・58,59

●ま行
マタニティハラスメント ・・・・・ 103,108
マタハラ ・・・・・・・・・・・・・・・103,108
民事調停 ・・・・・・・・・・・・・・・・・152
元委託支払い期日 ・・・・・・・・・・・・44
元々の予定日 ・・・・・・・・・・・・・・・35
モラハラ ・・・・・・・・・・・・・・・64,104
モラルハラスメント ・・・・・・・・・・・104

索引

169

●や・ら行

役員……………………………………30
予告義務…………………………………67
ラウンドテーブル……………………158
リスペクト・トレーニング…………116
リモートワーク…………………………10
理由開示………………………………124
労働基準法…………………………32,98
労働契約法………………………………32
労働時間…………………………………28
労働者……………………………………32

●わ行

和解あっせん…………………………152
和解あっせん人………………………152
割戻金……………………………………77

●数字

30日以内…………………………………44
3条通知…………………………………41
60日ルール………………………………43
7つの禁止行為…………………………72

●アルファベット

BtoB………………………………………18
BtoC………………………………………18

●著者紹介

山入端 翔（やまには しょう）

2018年慶應義塾大学大学院 政策・メディア研究科修了。
学生時代からフリーランスとして活動し、日本マイクロソフト株式会社や株式会社ジャストシステムなど複数の企業にて営業企画から集客、分析まで広くマーケティングに携わる。
株式会社電通デジタルに新卒1期生として入社し、大手クライアントを多数担当。2020年エントヴィッケルン・ツークンフト株式会社を創業。

●編集協力

弁護士法人サンク総合法律事務所　弁護士　樋口卓也

図解ポケット
フリーランス法がよくわかる本

発行日	2025年 1月 6日　　第1版第1刷
著　者	山入端　翔

発行者　斉藤　和邦
発行所　株式会社　秀和システム
　　　　〒135-0016
　　　　東京都江東区東陽2-4-2　新宮ビル2F
　　　　Tel 03-6264-3105（販売）Fax 03-6264-3094
印刷所　三松堂印刷株式会社　　　　Printed in Japan

ISBN978-4-7980-7424-5 C0032

定価はカバーに表示してあります。
乱丁本・落丁本はお取りかえいたします。
本書に関するご質問については、ご質問の内容と住所、氏名、電話番号を明記のうえ、当社編集部宛FAXまたは書面にてお送りください。お電話によるご質問は受け付けておりませんのであらかじめご了承ください。